Bien choisir SES CHAUSSURES DE RUNNING

Imprimé en Europe par Sagrafic
plazza Urquinaona - 14, 7e, 3a - 08010 Barcelona

ISBN : 978-2-85180-981-0

Éric BEAUVAL

Bien choisir SES CHAUSSURES DE RUNNING

@mphora

Je tiens à remercier:

Ma femme Aurélie, pour son aide et son soutien,
ainsi que nos fils Josué et Zéphir.

Ma famille.

Céline Vaast-Damour, kinésithérapeute formatrice, pour ses conseils.

Marie Lemaire-Moullé et ses élèves de Première CVP,
pour la couverture.

Violaine Willem et Christophe Watel,
pour avoir joué les modèles.

Les patients : M. Baudlot, M. Alcasena et M. Demetz,
pour m'avoir accordé du temps.

L'IRBMS : le docteur Maton et le docteur Bacquaert,
grâce auxquels j'ai réalisé ma première conférence sur ce sujet.

Les docteurs Moerman et leur mère,
pour l'énergie vitale qu'ils transmettent avec générosité.

Les Éditions AMPHORA pour leur confiance.

Et

Tous les coureurs passionnés qui me font avancer dans ma pratique !

Préface

Bien choisir ses chaussures de running est devenu aujourd'hui un véritable casse-tête, chaque marque y allant de sa propre technologie « révolutionnaire » avec son florilège d'arguments marketing.

De plus, chacune peut proposer des dizaines de modèles différents en fonction du type de pratique, de l'appui au sol, du poids du coureur...

Le livre d'Éric Beauval a pour ambition de vous donner les clés concrètes afin d'effectuer les bons choix : l'objectif est atteint !

Ses observations pleines de justesse, associées à ses conseils pratiques et avisés, y sont pour beaucoup. Sans compter que, comme il le dit si bien, seuls vos pieds pourront faire le meilleur choix final, voire LES meilleurs choix, puisque avoir plusieurs paires de chaussures peut présenter de nombreux avantages.

Alors à vos marques, testez, chaussez !

Jérôme Sordello
Coach Jogging International et U-Run
Master Trainer Power Plate France et formateur
Auteur de *La bible du running* aux Éditions Amphora

Sommaire

INTRODUCTION

› POURQUOI CE LIVRE ?

De nombreux coureurs à pied sont perdus face au choix considérable qui leur est proposé sur le marché exponentiel de la chaussure de running.

Au fil de mon exercice, il m'est apparu de plus en plus nettement que toutes les chaussures ne se valaient pas et que, surtout, une chaussure inadaptée pouvait même déclencher des pathologies.

Face à ce choix crucial, on trouve peu de conseils utiles sur Internet ou dans la littérature. Et ceux le plus souvent rencontrés sont étonnants :

- pour le trail : utilisez des chaussures de trail ;
- pour la route : des chaussures de route ;
- pour la compétition, préférez les chaussures de compétition et pour l'entraînement, des chaussures d'entraînement ;
- vous êtes pronateur, pas de problème : il y a des chaussures anti-pronation.

La liste de « bons conseils » dans cette veine est encore longue mais insuffisante ! Le choix de la chaussure de running n'est pas si simpliste, bien sûr. Peu de suggestions utiles et beaucoup de demandes d'informations !

› POUR QUI ?

Ce livre se veut accessible à tous : pas de formules mathématiques ni de termes technico-scientifiques, de courbes, de diagrammes… Il veut renseigner au mieux les coureurs quels qu'ils soient : du débutant au plus aguerri. En effet, débuter le running sur de mauvaises bases en a déjà découragé plus d'un !

› DANS QUEL BUT ?

Ce guide souhaite vous indiquer simplement, mais avec précision, les points à contrôler lors de votre achat.

Il n'y aura pas de modèle particulièrement désigné : en effet, les différentes marques font évoluer leurs chaussures si vite qu'une liste de « bonnes » chaussures serait obsolète en à peine un an !

Les principales douleurs pouvant être évitées par un chaussage adapté seront également abordées, ainsi que l'amélioration des performances.

Il vous indiquera aussi à quel moment consulter un podologue, pourquoi le faire, ce que comporte un bilan podologique et quels critères la semelle orthopédique doit remplir, ainsi que son rôle.

Bien courir, c'est déjà bien se chausser !

Les détails font la perfection et la perfection n'est pas un détail.

Léonard de Vinci

Nous sommes tous des ignorants, mais nous n'ignorons pas tous les mêmes choses.

Albert Einstein

Pourquoi porter des chaussures?

Quid du minimalisme ?

Avant de parler chaussure, parlons pied !

Le pied est la base du squelette, ne l'oublions pas. Si cette base est faussée, le reste du corps risque d'en payer les conséquences.

L'homme n'est pas né avec des chaussures. De ce constat, la mouvance minimaliste – qui prône la course naturelle à travers le chaussage le plus léger qui soit – en fait religion.

Alors, courir pieds nus serait la solution ultime ?

Les chaussures de running ne seraient-elles que marketing ?

On les accuse même de déclencher certaines douleurs : elles déformeraient la foulée par une attaque du talon plus forte, entraînant davantage d'ondes de choc pour le squelette.

1

Attaque de la foulée avec chaussure minimaliste ou pieds nus : sur l'avant-pied.

2

Attaque de la foulée avec une chaussure de running classique ou maximaliste : sur le talon.

3

Attaque de la foulée intermédiaire avec chaussure classique.

› LES DIFFÉRENTS TYPES DE FOULÉE

En effet, pieds nus (ou avec un chaussage minimaliste), l'attaque se fait par l'avant du pied pour amortir les chocs naturellement, avec une foulée moins ample et plus fréquente.

Avec un chaussage de running classique (maximaliste), l'attaque se fait naturellement sur le talon, en raison de la protection apportée par l'amorti.

Un appui intermédiaire est également réalisable avec un chaussage classique. Ce type de foulée est d'ailleurs conseillé pour limiter l'incidence des impacts sur le corps ; c'est une façon de courir qui s'apprend progressivement, mais plus rapidement que le minimalisme – qui correspond à un changement plus radical de la foulée avec une prise d'appui sur l'avant-pied plus marquée, en raison de l'absence d'épaisseur d'amorti au talon.

N'oublions un élément important. L'homme moderne a inventé une chose pratique mais néfaste pour le pied : le sol plat !

Sans aspérité au sol, le pied ne travaille plus dans tous les plans de l'espace, ce qui induit des faiblesses musculaires au pied et à la cheville.

En effet, si dès l'apprentissage de la marche nous nous déplacions sur un sol meuble et inégal (sable, terre), la cheville et le pied pourraient se muscler de manière équilibrée et harmonieuse. En ce cas, nous n'aurions plus besoin de chaussures, et le minimalisme serait adapté à tous.

Les douleurs ressenties par les coureurs sont surtout dues à ces faiblesses qui désaxent la cheville, plus qu'au manque d'amorti.

Les chaussures vont donc jouer un rôle primordial : compenser ces faiblesses acquises depuis notre enfance ! Pour ce faire, elles doivent remplir des critères précis.

Le bon chaussage doit guider l'appui pour limiter ses défauts.

Le minimalisme peut être adapté à certains coureurs désireux de se lancer dans une nouvelle aventure, ou à ceux souffrant de douleurs résultant de chocs répétés, mais l'apprentissage de cette autre façon de courir doit se travailler progressivement et méthodiquement, sous peine de provoquer des blessures (avant-pied, voûte plantaire, tendon d'Achille, mollet, cuisse).

Exemple de chaussure minimaliste avec très peu d'épaisseur de la semelle, sans amorti et avec une souplesse importante.

Exemple de chaussure maximaliste dite classique, avec un amorti important et des contreforts plus rigides.

Exemple de chaussure intermédiaire dite de compétition, avec un amorti et une souplesse intermédiaires.

La chaussure minimaliste n'aura pas d'amorti, pas d'épaisseur supplémentaire au talon et pas de contreforts ni de maintiens particuliers. Par conséquent, elle protégera simplement le pied des risques de blessures de la peau contre le sol et apportera une meilleure accroche.

Le choix de ce type de chaussage est facile et ne nécessite pas de conseils particuliers.

Ce livre traitera du choix des chaussures de running dites classiques, et non des chaussures minimalistes.

› CONTEXTES LES PLUS FAVORABLES À LA PRATIQUE DU MINIMALISME

- Course sur terrain souple.
- Pas de problème marqué de la structure du pied ou de la position de la cheville.
- Souplesse des chaînes musculaires postérieures : mollets et ischio-jambiers (en raison du manque de talon).
- Haut niveau d'entraînement.
- Coureur léger.
- En chaussage complémentaire d'une paire de running classique pour améliorer la sensation du pied et de la cheville (proprioception) sur des séances courtes.
- En chaussage principal après une transition et un apprentissage de la nouvelle foulée progressive et méthodique, sans déclenchement de douleurs.
- Diminution de la dépense énergétique (faible et variable d'un coureur à l'autre).
- Douleurs liées aux chocs (si pas de solution avec chaussage classique).
- Si le pied a été habitué à fonctionner sur un terrain inégal sans chaussage (ou avec un chaussage très souple) depuis l'enfance.

› CONTEXTES LES MOINS FAVORABLES À LA PRATIQUE DU MINIMALISME

- Course sur terrain dur.
- Débutant.
- Surpoids.
- Problème de structure du pied ou de position de la cheville.
- Course longue distance.
- Mauvaise souplesse musculaire des chaînes postérieures (mollet et ischio-jambier).
- Utilisation non progressive de ce type de chaussage : le changement brutal est source de douleurs (l'adaptation du corps à cette nouvelle foulée peut prendre des mois, voire des années).
- Douleurs non liées aux chocs.

› EN CONCLUSION

Vous aurez compris que le chaussage minimaliste n'est pas grand public et ne peut pas convenir à tous les coureurs.

S'il était la solution parfaite pour courir, les rayons des magasins en seraient majoritairement pourvus.

À long terme, le bénéfice de la modification de la foulée par le chaussage minimaliste n'est pas clairement établi.

Et n'oublions pas que la plupart des coureurs se tournant vers le minimalisme le font pour éviter des douleurs récurrentes pour lesquelles ils ne trouvent aucune autre solution.

Il se peut que ces coureurs, sans le savoir, soient équipés d'un chaussage classique qui ne leur convient pas et se persuadent que ce type de chaussage est à rejeter dans son ensemble, alors qu'en respectant certains critères de choix, ils pourraient peut-être trouver un modèle qui les soulagerait !

Les pièges
à éviter

› LA CHAUSSURE MAGIQUE

Évitez les nouveautés et les chaussures magiques qui courent pour vous ! Plusieurs fabricants ont essayé de mettre au point des chaussures qui aident le mouvement sportif pour améliorer les performances avec la même énergie.

Citons cette lame de carbone sous l'avant-pied de la chaussure qui entraînait un effet ressort sur le pied au moment de la propulsion ; celle-ci a engendré des blessures et des tendinites.

Une chaussure prônait la liberté de mouvement entre l'avant-pied et l'arrière-pied pour améliorer le geste sportif : le système a vite été abandonné, ou plutôt remanié, suite à des douleurs déclenchées chez les utilisateurs.

Aux jeux Olympiques de Mexico, on a modifié le tartan (sol) du stade athlétique en le rendant plus rebondissant afin de faire tomber les records de vitesse : ici encore, les blessures ont été au rendez-vous !

La musculature du coureur ne supporte pas ces aides extérieures artificielles qui déstabilisent l'équilibre du mouvement.

Mauvaise nouvelle : la chaussure qui court à votre place ne peut pas exister. L'effort, c'est vous qui devez le fournir seul !

La chaussure doit uniquement vous guider et vous protéger. Méfiez-vous des concepts révolutionnaires, laissez les autres tester pour vous.

› LE PRIX

Le prix n'est pas le seul gage de qualité de la chaussure. Il ne suffit pas de « mettre le prix » pour avoir les meilleurs modèles.

Il est même conseillé d'éviter le plus haut de gamme de chaque marque, qui a généralement pour but d'impressionner esthétiquement plutôt qu'efficacement. Ces modèles sont souvent plutôt réservés à la frime en ville qu'à la performance pure.

À l'inverse, il sera plus difficile de trouver de bons modèles dans les entrées de gamme.

Le prix moyen d'une paire de chaussures de running correcte se situe généralement entre 80 et 150 euros.

› L'ESTHÉTIQUE

L'esthétique seule ne doit pas guider le choix.

› LES MARQUES ET LES MODÈLES

Dans chaque marque, il existe de bons et de mauvais modèles pour votre foulée. Le choix ne peut donc reposer uniquement sur le nom d'une marque.

De même, il est possible qu'un modèle change d'une année sur l'autre sans pour autant changer d'appellation.

Ainsi, un modèle vous ayant convenu jusqu'à présent peut ne plus vous aller au moment de son renouvellement, et provoquer des douleurs.

Il est donc déconseillé d'acheter la même paire les yeux fermés tous les ans sans la tester, car les modèles évoluent en permanence.

En général, les fabricants cherchent à les améliorer ou à les rendre plus esthétiques – et surtout, souvent, plus légers – en « oubliant » parfois de remettre les renforts indispensables à votre foulée. Il faut donc tester systématiquement chaque modèle avant l'achat.

› INTERNET

Évitez de faire vos achats sur Internet sans connaître le modèle.

Il faut absolument pouvoir essayer les chaussures, vérifier leur pointure et les avoir en main pour les tester !

Et ne vous fiez pas uniquement aux avis des internautes : leurs pieds ne sont pas les vôtres. Leurs retours peuvent se révéler intéressants, mais pas suffisants pour établir un choix.

› LES MAGASINS SPÉCIALISÉS

Tous les modèles vendus dans les magasins spécialisés en course à pied ne vous seront pas adaptés.

Aussi, n'achetez pas vos chaussures dans ces boutiques sans le conseil préalable d'un vendeur.

L'intérêt de ces enseignes est de proposer un avis éclairé sur les caractéristiques de chaque modèle : un avantage lorsque votre pied n'est pas facile à chausser. En effet, certaines marques ont un chaussant plus large ou plus fin, ce qui est un détail important pour correspondre au mieux à votre morphologie (forme de votre pied) et ainsi vous apporter un meilleur confort et un meilleur maintien.

Chez ces distributeurs, un choix plus large et plus pointu est disponible.

Un tapis de course est souvent mis à disposition pour pouvoir tester les modèles : un atout, car les sensations ressenties à la marche lors de l'essayage peuvent être différentes à la course.

Un vendeur spécialisé bien formé peut aussi, le cas échéant, être capable d'orienter un client vers un podologue du sport si un défaut de course apparaît ou s'il existe une douleur récurrente qui semble indépendante du chaussage.

Certains vendeurs proposeront d'examiner l'usure de vos anciennes chaussures pour vous guider dans votre choix.

L'avis d'un vendeur qualifié complète l'avis d'un professionnel de santé, mais ne peut pas le remplacer.

Il est recommandé de tester la chaussure conseillée avant achat, selon les critères énoncés en page 34 pour confirmer votre choix.

Si un doute subsiste, vous pouvez consulter un podologue qui affinera vos besoins personnels et pourra vous conseiller un type de modèle adapté à votre foulée.

Nombre de vendeurs pratiquent le running et, parfois, à très haut niveau, ce qui semble pouvoir mettre en confiance quant à leur conseil.

Mais il ne suffit pas de pratiquer pour être compétent dans le choix.

En effet, un modèle qu'ils auront testé et approuvé semblera être une bonne option, mais un modèle qui convient à une personne ne peut être conseillé à tout le monde !

La compétence du vendeur n'est donc pas proportionnelle à l'intensité de sa pratique. Un bon vendeur est patient, à l'écoute, attentif aux détails, capable d'orienter vers un professionnel de santé en cas de doute, et plus intéressé par la qualité du service rendu que par son chiffre d'affaires.

› LA PUBLICITÉ

Ce n'est pas parce qu'une chaussure fait des merveilles avec un coureur qu'il en sera de même pour vous !

Beaucoup de facteurs entrent en jeu : votre poids, votre pratique, vos appuis... Vos pieds sont uniques.

De plus, un coureur qui a un pied sans problème d'appuis peut mettre les chaussures qu'il veut sans générer de douleur pour autant, ce qui n'est peut-être pas votre cas !

Les appuis parfaits sont rares, et n'oublions pas qu'un coureur de haut niveau s'est intéressé à ce sport, car il avait des facilités pour le pratiquer : son corps et sa posture montraient des prédispositions innées, d'où un chaussage sans spécificité particulière.

Il faut aussi comprendre que, si un sportif de haut niveau sponsorise une marque – et même s'il participe à sa mise au point –, cela n'offre pas un gage de qualité suffisant pour le grand public.

Cette chaussure peut lui permettre des performances qui vous seront inaccessibles si votre pied n'est pas identique au sien. De plus, ces grands noms du sport ont souvent des chaussures réalisées sur mesure, et non des chaussures de série (la publicité omet souvent ce petit détail...).

› LA NOTION DE CONFORT

Le confort ressenti lors de l'achat peut également être trompeur.

Il est indispensable, mais pas seul garant du bon choix !

Combien de coureurs mal chaussés me disent : *« Pourtant, je me sens très bien dans ces chaussures ! »*

Plus une chaussure est usée ou plus elle manque de contrefort, plus elle peut paraître confortable.

En effet, le pied n'y est pas contraint : il est libre comme dans une pantoufle. Mais la chaussure de course à pied ne doit pas en être une, sous peine de causer douleurs ou blessures.

Quelles douleurs éviter par un bon chaussage ?

Un bon chaussage est essentiel pour garantir au coureur des performances optimales.

Une paire de chaussures inadaptées ou trop usées peut modifier l'appui et, de ce fait, déclencher des douleurs.

La semelle de la chaussure est composée de mousse plus ou moins épaisse pour amortir les chocs. Mais si cet amorti n'est pas combiné à un parfait maintien, il va amplifier les éventuelles mauvaises positions.

En effet, sous l'action du poids du corps (qui est multiplié par 2 ou 3 lors de la course), le pied enfonce la mousse, qui s'écrase plus fort sur les points d'appui les plus sollicités et déséquilibre le pied si les renforts sont absents ou insuffisants.

C'est ainsi que certains coureurs filmés dans leur course pieds nus ont un meilleur appui qu'avec leurs chaussures !

Un savant mélange entre amorti et rigidité du maintien est absolument nécessaire, et c'est précisément ce mélange que les fabricants tentent de réaliser avec plus ou moins de réussite.

Une chaussure de running est très technique à mettre au point !

De nombreux ingénieurs se penchent sur le sujet et découpent parfois les chaussures de la concurrence dans l'espoir de percer le mystère de cette alchimie.

› LA PREUVE PAR L'IMAGE

Les photos suivantes montrent l'appui du pied d'un coureur pendant sa foulée sur un tapis de course.

Le même coureur est d'abord filmé pieds nus, puis chaussé. Dans ces deux exemples, vous pouvez remarquer que, lors d'une course à la même vitesse, l'axe de la cheville est différent : il est déséquilibré par la chaussure utilisée.

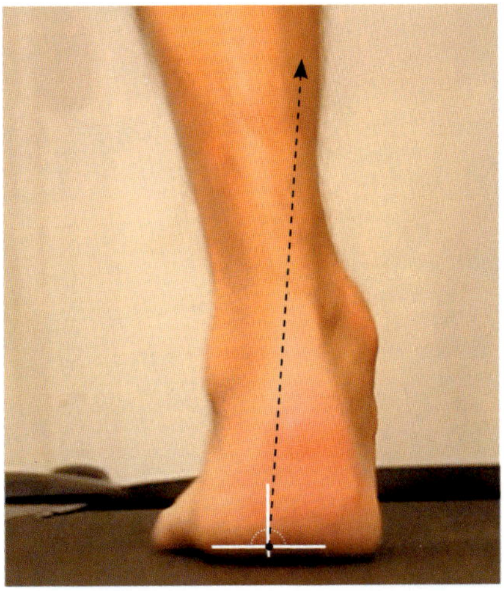

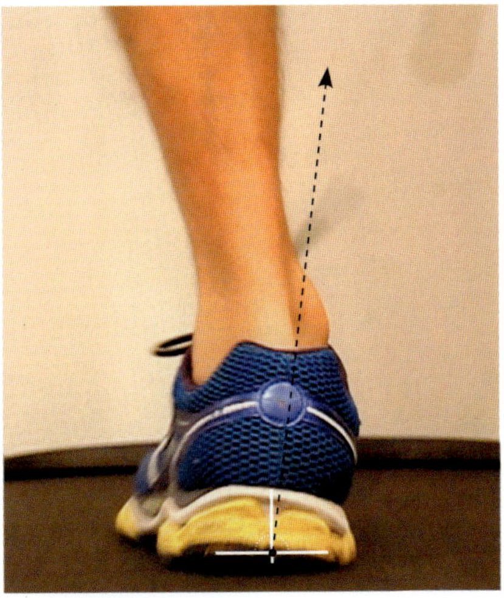

Pour une meilleure compréhension, j'ai choisi des exemples flagrants de ce déséquilibre, mais celui-ci n'a pas besoin d'être si visible pour créer des douleurs.

L'intensité de ces dernières n'est pas forcément proportionnelle à l'intensité de la désaxation de la foulée.

Si le mauvais axe du pied est augmenté par le chaussage, les conséquences sur le reste du corps sont également augmentées.

Ainsi, le pied déstabilisé peut entraîner la jambe, le genou, la cuisse, le bassin, et même le dos, dans une mauvaise posture et provoquer des douleurs à ces différents niveaux.

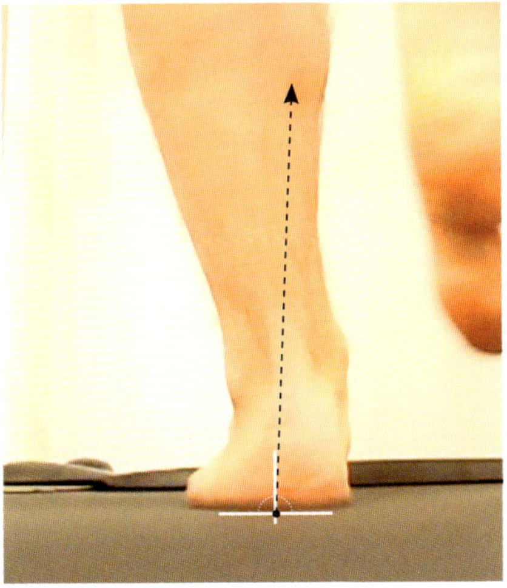

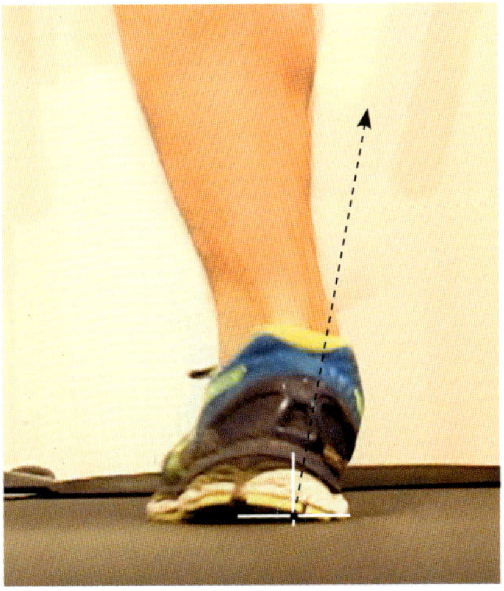

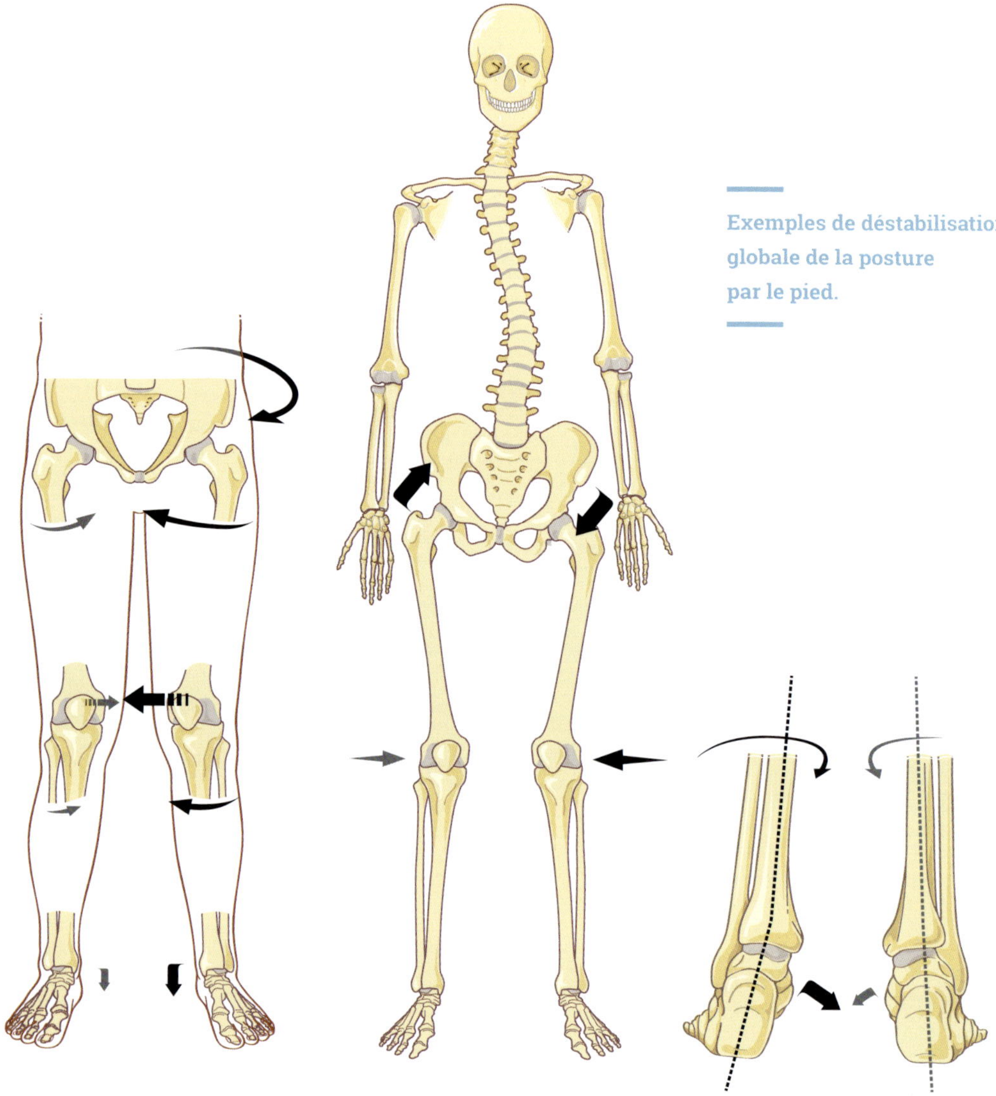

Exemples de déstabilisation globale de la posture par le pied.

› VOTRE CHAUSSURE EST-ELLE À L'ORIGINE DE NOUVELLES DOULEURS ?

C'est possible si :

- vos chaussures sont usées (plus d'un an d'utilisation) : l'apparition des douleurs est alors généralement progressive ;
- vous venez de changer de chaussures et une douleur se déclenche rapidement ;
- votre chaussage est inadapté.

Zones douloureuses pouvant être évitées par un bon chaussage.
Dos
Hanches
Bassin
Cuisses
Genoux
Jambes
Chevilles
Pieds

» Les douleurs pouvant être évitées par un bon chaussage

Voici une liste plus détaillée de ces principales douleurs.

- **Douleur au pied et à la cheville**
  - » tendon d'Achille ;
  - » talon (épine calcanéenne) ;
  - » voûte plantaire interne (fasciite plantaire ou aponévrosite plantaire) ;
  - » ampoules répétées au même endroit ;
  - » sésamoïdite (inflammation de la face plantaire de la base du 1er orteil) ;
  - » entorses fréquentes ;
  - » fracture de fatigue (fissure douloureuse d'un os trop sollicité ou fragilisé) ;
  - » hématome sous les ongles ;
  - » face interne de la cheville : tendinite du muscle jambier antérieur ou du jambier postérieur ;
  - » face externe de la cheville : tendinite des muscles fibulaires.

- **Douleur de la jambe**
  - » contracture ou crampe du mollet ;
  - » périostite tibiale (douleur de l'attache d'un muscle sur l'enveloppe de l'os, le long du tibia).

- **Douleur du genou**
  - » en face interne : tendinite des muscles de la patte d'oie ;
  - » en face externe : syndrome de l'essuie-glace ou de la bandelette ilio-tibiale ;
  - » devant : douleur de la rotule (désaxation, instabilité, subluxation).

- **Douleur de la cuisse**
  - » en face interne : adducteurs ;
  - » crampe ou contracture.

- **Douleur de la hanche**

- **Douleur du dos**
  - » bas du dos (lombalgie) ;
  - » sciatique (pincement d'un nerf entre les vertèbres lombaires).

Cette liste n'est pas exhaustive, mais retenez que toute douleur causée par la répétition du geste sportif, de manière systématique, peut trouver son origine dans un mauvais chaussage et/ou un mauvais appui.

Tout repose sur nos pieds : si cette base est mauvaise, le fonctionnement des étages supérieurs sera faussé.

La chaussure est l'interface entre notre pied et le sol : la qualité de celle-ci est capitale.

SINISTER 120€

Les critères
de choix

› CHOISIR UN CHAUSSAGE SPÉCIFIQUE

La pratique du running nécessite absolument un chaussage spécifique.

Respecter les critères de choix énoncés dans ce livre ne suffit pas pour courir avec n'importe quelles chaussures : elles doivent être dédiées à la pratique de ce sport.

Pour chaque sport, une gamme de chaussures spécifiques a été mise au point par des ingénieurs afin de répondre au mieux aux besoins du pied.

Par exemple, une chaussure de football n'a pas d'amorti, car elle est utilisée sur un sol meuble (le gazon) ; une chaussure de tennis est renforcée pour éviter les entorses sur les déplacements latéraux violents ; une chaussure de sprint est uniquement pourvue d'une accroche sous l'avant-pied pour pouvoir accélérer.

La chaussure de running est pensée pour guider un déplacement unidirectionnel tout en amortissant les chocs répétés.

La chaussure de course est également plus large pour éviter la compression du pied par sa prise de volume due à l'activité musculaire accrue et répétitive.

Un chaussage de running ne peut pas non plus convenir à la pratique d'autres sports, surtout s'il implique des déplacements latéraux : ce chaussage ne sera pas assez ajusté et trop amorti pour garantir une bonne stabilité.

› APPRENDRE DE VOTRE ANCIEN CHAUSSAGE ET DE VOTRE TYPE DE FOULÉE

La position de la cheville et du pied pendant la course se divise en trois grandes catégories :

- **neutre :** l'arrière-pied reste perpendiculaire au sol et le pied est dans un axe neutre.
  L'attaque talon se fait sur le bord extérieur, puis le déroulé se fait de l'extérieur de l'avant-pied vers le premier orteil pour la propulsion ;

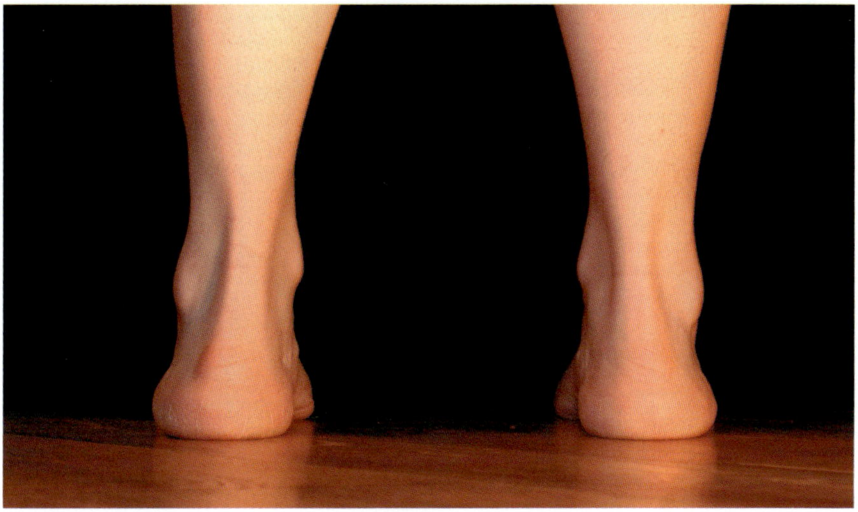

- **pronateur :** l'arrière-pied s'affaisse ou « chute » vers l'intérieur, avec un écrasement de la voûte interne.

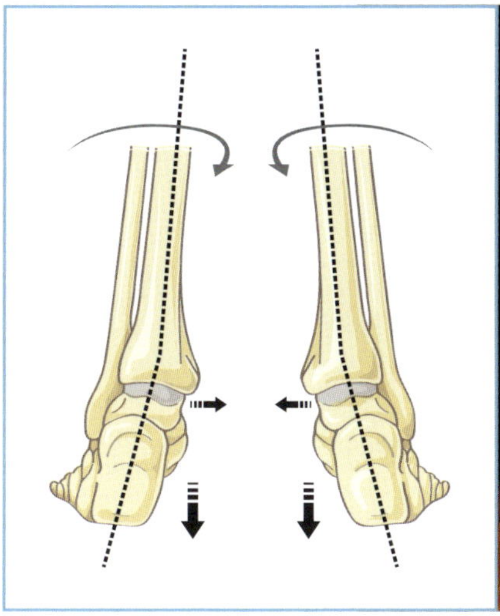

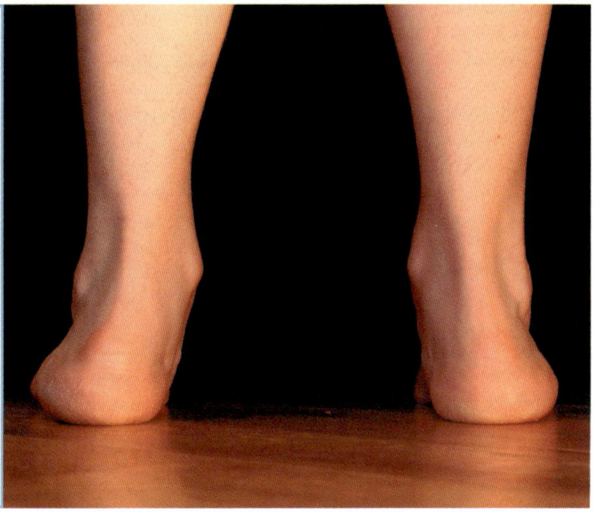

Selon le degré de pronation, l'attaque talon peut se faire soit à l'intérieur, soit au centre, soit à l'extérieur. Puis le déroulé s'opère directement sur le bord interne du pied, avec un affaissement de la voûte plantaire interne plus ou moins marqué.
Des ampoules à répétition peuvent alors apparaître en avant de la voûte interne du pied, par frottement excessif ;

- **supinateur :** l'arrière-pied et l'avant-pied sont entraînés vers l'extérieur. Déroulé global du pas sur le bord externe du pied.

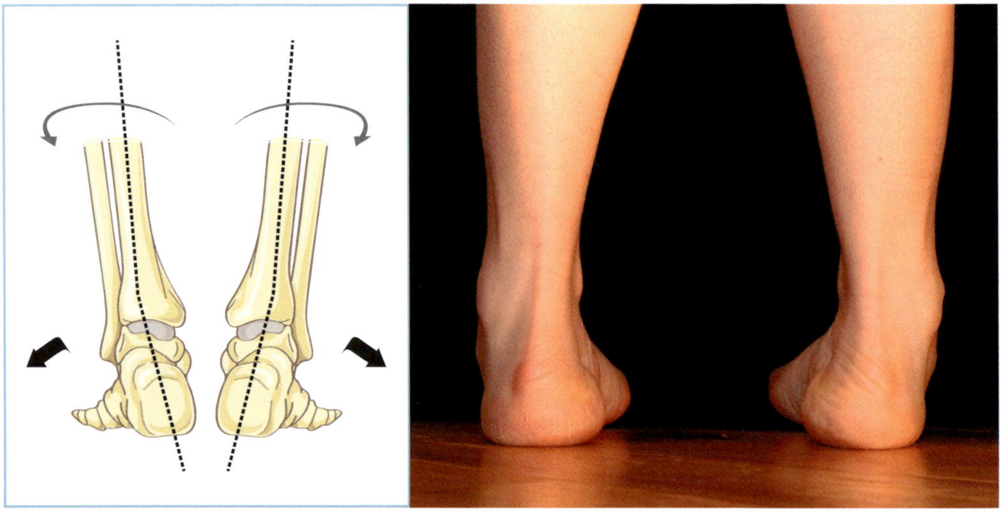

La catégorie la plus représentée est la foulée pronatrice.

Ces catégories peuvent se combiner : les pieds peuvent être asymétriques.

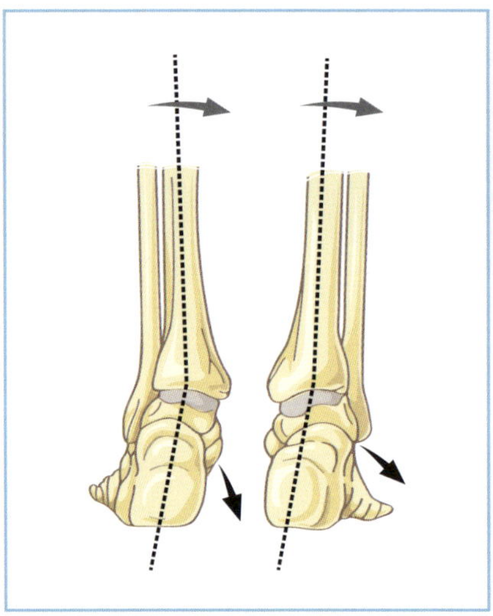

1

Pied gauche **pronateur**

Pied droit **supinateur**

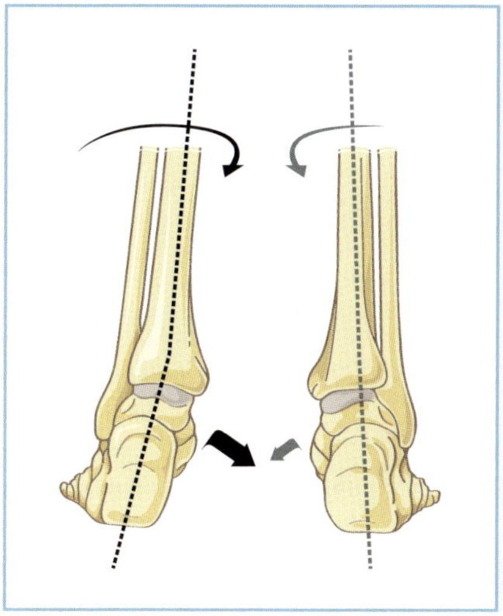

2

Pied gauche **pronateur fort**

Pied droit **pronateur léger**

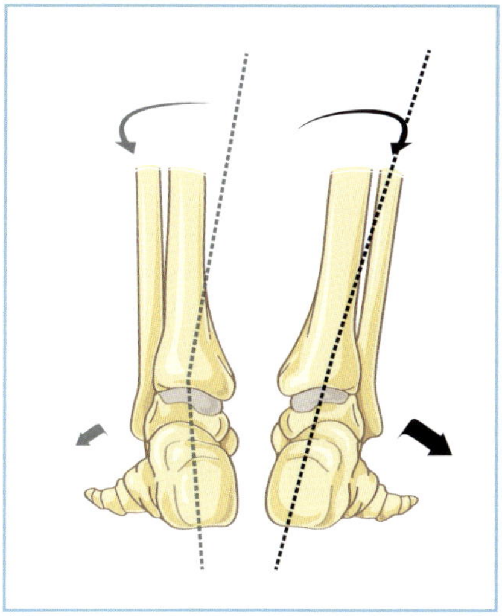

3

Pied gauche **supinateur léger**

Pied droit **supinateur fort**

Il est important de connaître votre foulée pour ne pas commettre d'erreur lors du choix de la chaussure, car certaines d'entre elles vont « corriger » certains défauts.

Pour cela, étudiez l'usure de vos anciennes chaussures de course. Si vous débutez et que vous n'avez pas eu le temps d'user de chaussures, optez pour un modèle sans correction.

En aucun cas vous ne pouvez déduire de l'usure de vos chaussures de ville votre type de foulée ; un pied peut être supinateur à la marche et devenir pronateur à la course !

Les chaussures testées doivent n'avoir été portées que par vous et, idéalement, n'avoir été utilisées que pour la pratique du running (d'autres sports pouvant induire des points d'usure différents).

Bien repérer l'usure de vos chaussures permet également de remarquer si une douleur lors de la course provient éventuellement de votre appui.

Par exemple, si vous souffrez d'une douleur au genou droit et que l'usure est plus marquée de ce côté, il y a des risques que ce défaut en soit l'origine.

Quand nous parlons d'usure de la chaussure, ce n'est pas tant l'usure qui est intéressante, mais l'orientation de la tige de la chaussure – partie extérieure de la chaussure, celle qui recouvre le pied –, témoin de l'orientation du pied lors de la foulée.

Cette orientation est rapidement visible (parfois en quelques sorties), à la différence de l'usure de la semelle, plus longue à apparaître.

Pour la distinguer, il faut poser vos chaussures parallèlement sur une table ; leur arrière doit être au bord de la table.

Portez ensuite votre regard au niveau de l'arrière des chaussures, en vous baissant.

Grâce à ce point de vue, vous pouvez juger avec exactitude l'orientation de la chaussure : part-elle vers l'intérieur, l'extérieur ou reste-t-elle dans l'axe ? Est-ce symétrique ?

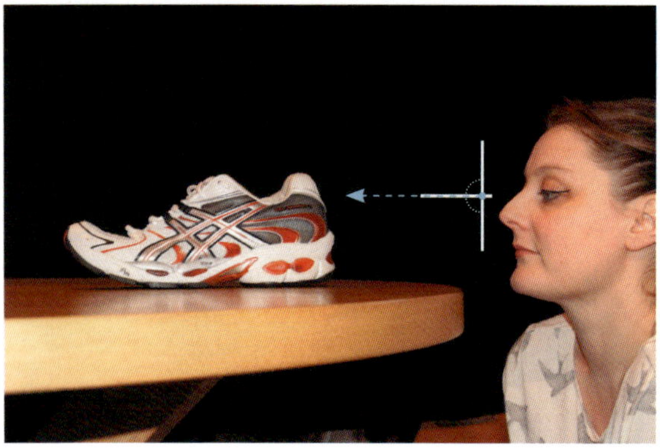

Pour vous aider, vous pouvez aussi soulever légèrement l'arrière des chaussures, en levant le talon en pressant avec vos doigts le dessus de l'avant de la chaussure, au niveau du dos des orteils ; cette bascule permet souvent de mieux visualiser cette orientation.

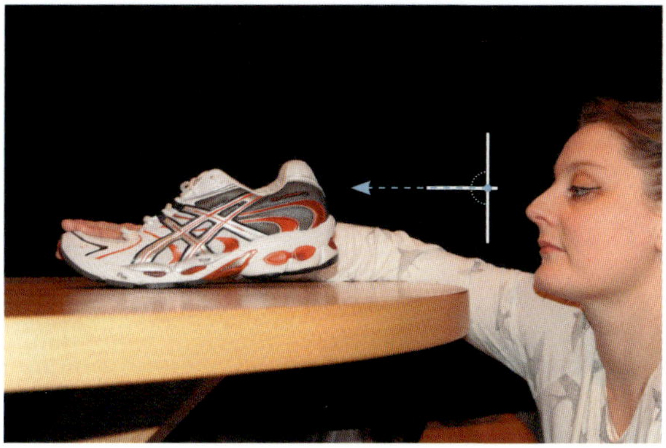

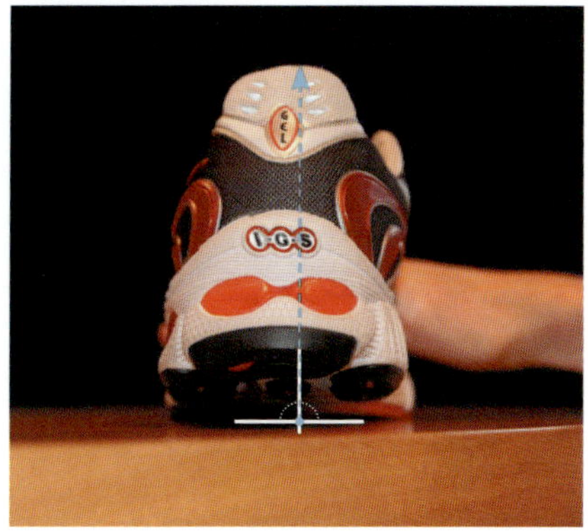

Lors de cet examen, il vaut mieux mettre les lacets à l'intérieur des chaussures pour ne pas qu'ils se glissent sous la semelle, ce qui pourrait fausser l'orientation retrouvée.

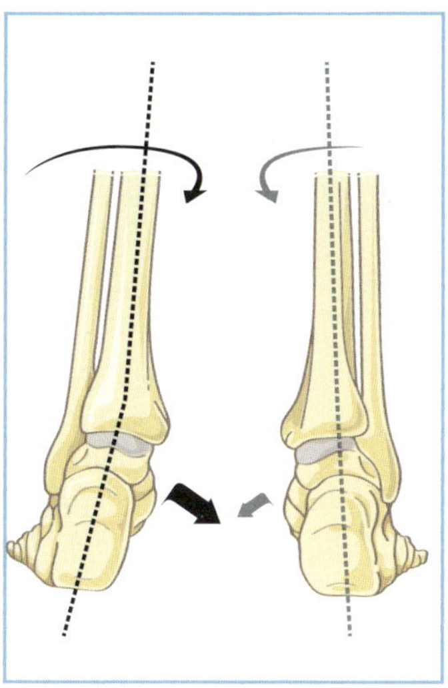

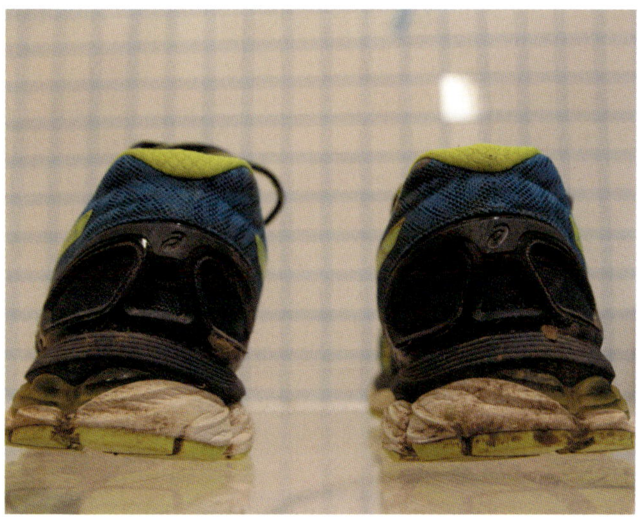

Exemple d'orientation vers l'intérieur d'une chaussure portée par un coureur ayant un affaissement du pied gauche plus important que le droit (pronation).

L'usure de la gomme de la semelle en contact avec le sol peut aussi parfois renseigner. Mais elle peut également induire en erreur ! Logiquement, on retrouve :

- pronation : usure excessive de l'intérieur de la semelle au niveau du talon et du 1er orteil ;
- supination : usure excessive à l'extérieur de la semelle sur le talon et vers le petit orteil ;
- neutre : usure du talon à l'extérieur et à l'avant, sous le 1er orteil.

Mais, parfois, une forte pronation peut être compatible avec une forte usure à l'extérieur du talon (ce qui devrait être l'inverse !) dans un but d'équilibration de la foulée.

Dans sa phase « aérienne », le pied – sachant qu'il va s'aplatir fortement à l'appui – va attaquer le sol en forte supination pour s'équilibrer dans le mouvement.

Le plus important est de repérer l'orientation de la tige de la chaussure.

› LES SYSTÈMES ANTI-PRONATION, ANTI-SUPINATION ET NEUTRE

Les chaussures proposent de corriger la foulée par des systèmes inclus dans l'épaisseur de la mousse des semelles extérieures. Ils ont pour but de limiter les mauvaises positions du pied en jouant sur la dureté des mousses des semelles.

Lors de l'impact au sol, le pied s'enfonce dans la mousse et, selon la position et la dureté de celle-ci, il est guidé différemment.

Ces systèmes sont généralement visibles sur le pourtour de la semelle, avec un changement de couleur des mousses en fonction de leur dureté.

Le système anti-pronation est le plus fréquent, et plusieurs degrés de correction sont proposés selon les marques. Il renforce la dureté des mousses sur le bord intérieur du pied pour éviter son affaissement interne ainsi que celui de la cheville.

Le système anti-supination est, en réalité, quasi similaire au système dit neutre.

Ces systèmes ne corrigent pas l'axe de la foulée et les mousses ont les mêmes duretés sur toute la surface du pied.

Système neutre

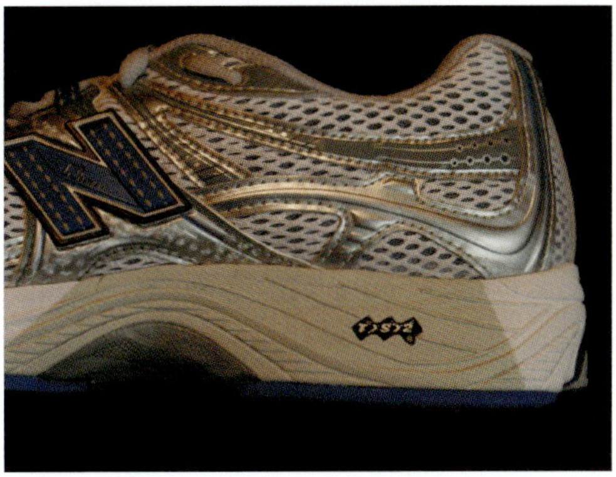

Système anti-pronation

Remarque

La semelle de propreté amovible intérieure ne comporte pas de correction.

Soyez vigilant dans le choix de ces systèmes et, en cas de doute, privilégiez plutôt un modèle neutre pour éviter la « casse ».

En effet, si vous prenez un modèle pronateur et que vous êtes supinateur, votre défaut sera amplifié et risquera d'engendrer des douleurs !

De même, si vous êtes neutre, un modèle anti-pronation fort pourra vous désaxer.

Si vous avez des appuis asymétriques, évitez ces systèmes qui auront une action symétrique sur votre foulée.

Si vous n'êtes pas certain de votre type de foulée, vous pouvez aussi prendre conseil auprès d'un vendeur spécialisé compétent ou consulter un podologue qui saura vous guider.

Il est de plus en plus difficile de trouver des modèles neutres correspondant aux critères de maintien énoncés plus loin, alors que les modèles anti-pronation, en général, remplissent mieux ces critères.

Il faut considérer ces systèmes comme des renforts supplémentaires en cas de mauvaise position du pied et de la cheville, mais pas comme de réels modes de correction.

Une véritable correction adaptée ne peut être apportée que par une orthèse plantaire – ou semelle orthopédique – qui prendra la place de la semelle intérieure de la chaussure.

Ces systèmes peuvent être utilisés en complément de semelles orthopédiques pour renforcer leur action (selon l'avis de votre podologue) ; il ne faut pas forcément une chaussure neutre si des semelles orthopédiques sont portées.

› LA POINTURE

En courant, le pied s'allonge et gonfle sous l'effet des chocs et de l'activité musculaire accrue.

Votre pointure habituelle sera donc forcément trop courte !

Si vous manquez de place, les chocs répétés des ongles des orteils contre le bout de la chaussure créeront des hématomes très douloureux sous les ongles.

Pour le running, il est nécessaire de prendre une à deux pointures au-dessus de votre pointure de ville.

Les pointures des fabricants ne correspondent pas entre elles et, même dans une marque identique, il arrive que deux modèles différents n'aient pas la même longueur pour la même pointure !

Une astuce simple vous permettra de ne pas vous tromper :

- retirez la semelle de propreté présente dans le fond de la chaussure (celle-ci n'est pas collée) ;
- posez votre pied dessus en prenant soin de caler précisément le talon au bord de l'arrière de cette semelle ;
- il faut, au minimum, la largeur de votre index (environ deux centimètres) en marge libre à l'avant de votre orteil le plus long pour avoir la bonne pointure de running.

Cette pointure vous paraîtra importante : il est même possible que vous sentiez votre pied « flotter » un peu, mais cela est normal !

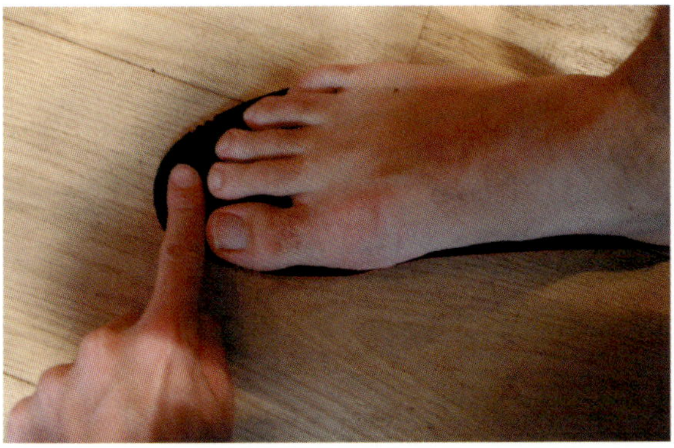

La bonne pointure pour le running.

Les pieds ayant tendance à gonfler au fil des heures, il est conseillé de pratiquer l'essayage en fin de journée pour ne pas commettre d'erreur.

› LA STABILITÉ

Voici l'un des points les plus importants lors du choix.

Si l'amorti de la chaussure n'est pas couplé à un maintien irréprochable, la chaussure sera mauvaise.

» Les contreforts

Le but principal de la chaussure de running, outre l'amorti des chocs, est de limiter les mauvaises positions de la cheville en gardant son axe le plus neutre possible (pas de supination ni de pronation excessives) pendant la course.

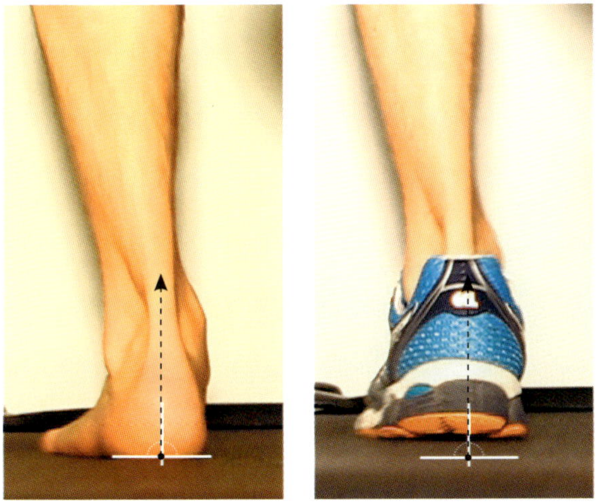

Exemple d'une chaussure ne déstabilisant pas l'appui. Ce chaussage convient à ce coureur.

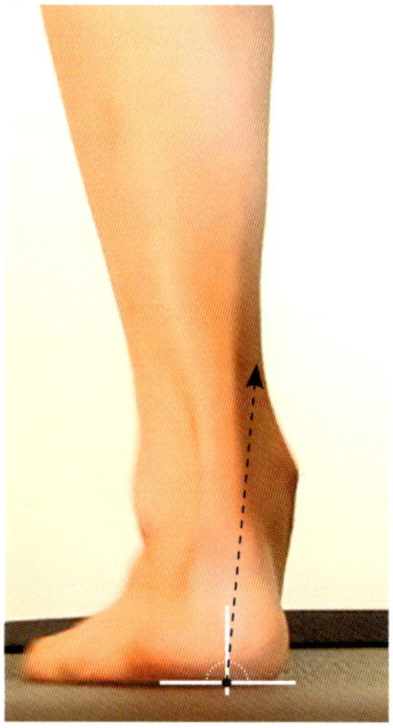

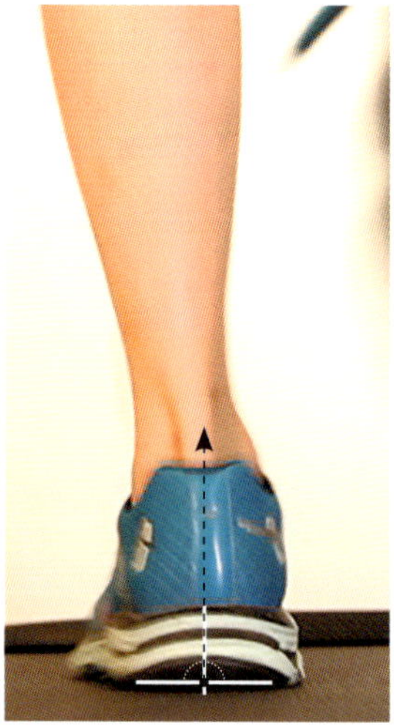

Exemple d'une chaussure améliorant l'appui. Ce chaussage convient à ce coureur.

Une bonne chaussure ne doit pas déstabiliser l'appui et, dans le meilleur des cas, doit limiter les mauvaises positions de la cheville et du pied.

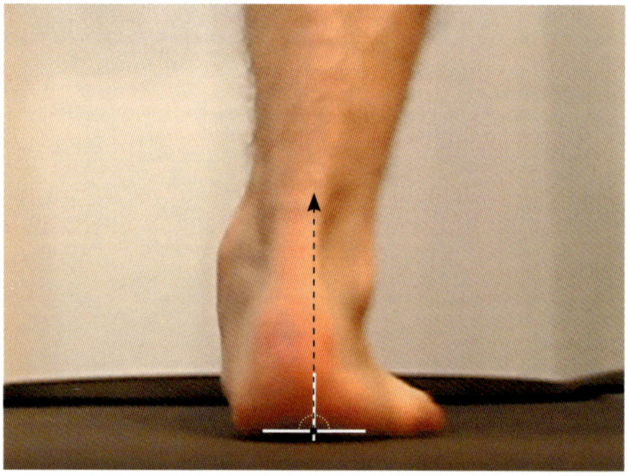

Exemple d'un même coureur utilisant 3 chaussures différentes

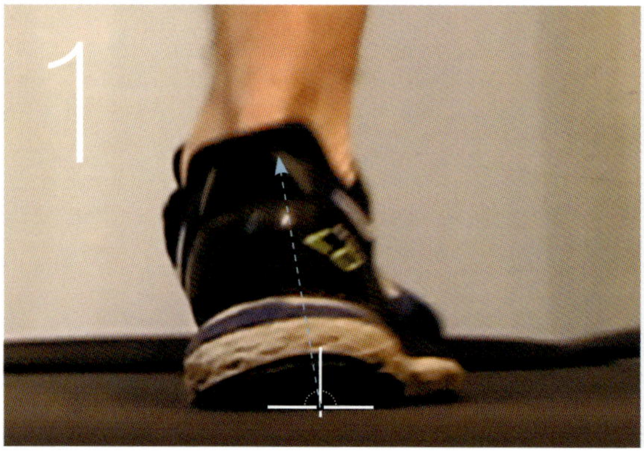

Chaussure 1 : très mauvaise. Augmentation importante du défaut d'appui.

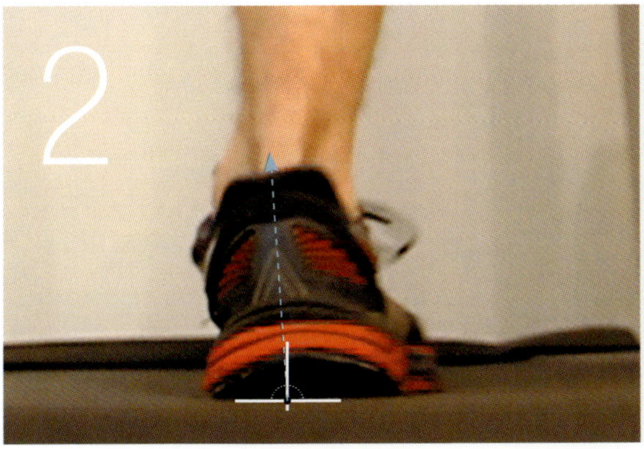

Chaussure 2 : mauvaise.
Augmentation modérée du défaut d'appui.

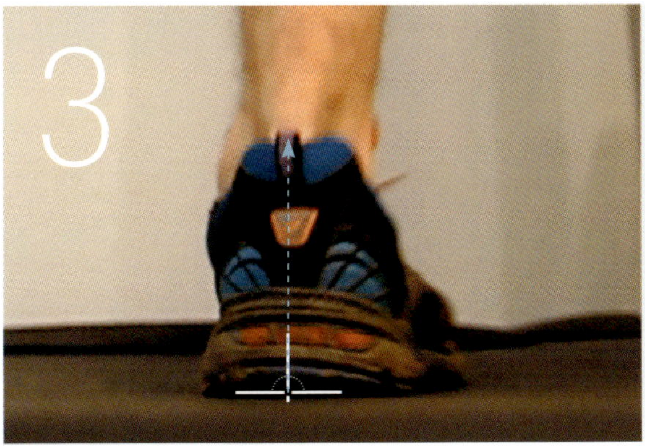

Chaussure 3 : bonne.
Limitation du défaut d'appui.

Dans ce dernier exemple, seule la chaussure 3 remplit pleinement les critères de choix qui passent par deux contreforts indispensables :

- **Le contrefort arrière**
  La coque qui entoure le talon doit être rigide et ne pas se déformer même si vous la pressez fortement entre l'index et le pouce.

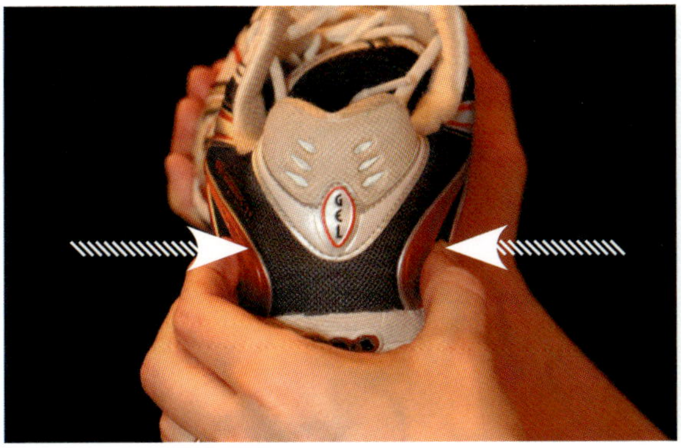

Bon : la coque résiste.

Mauvais : la coque se déforme sous la pression.

- **Le contrefort médian de la semelle**
  » Pour le tester, retournez la chaussure en plaçant la semelle face à vous : mettez une main sur l'avant et l'autre sur le talon.
  Prenez la semelle à pleine main et essayez de la vriller en son centre, en exerçant une importante force de traction dans un sens puis dans l'autre.
  La semelle ne doit pas vriller, ou le moins possible.
  Cette partie de la semelle nécessite un renfort rigide et dur au toucher (souvent en plastique) qui ne soit pas constitué de mousse souple.
  Gardez à l'esprit que les forces appliquées sur la chaussure lors de la foulée sont très importantes : lors du test, ces contreforts doivent tenir bon.

» La torsion

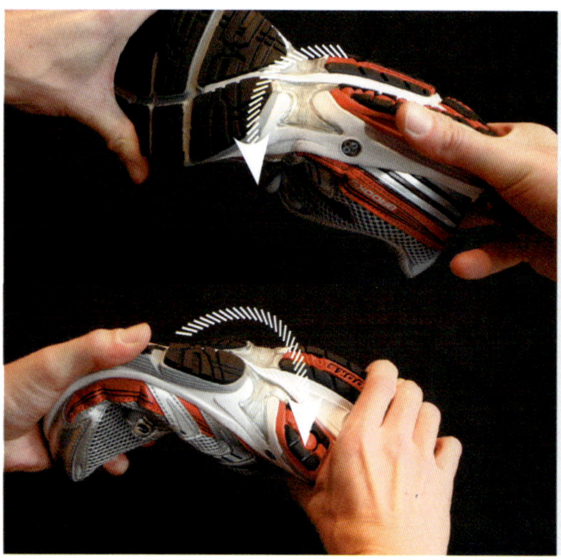

Mauvais :
trop de torsion possible,
le centre vrille.

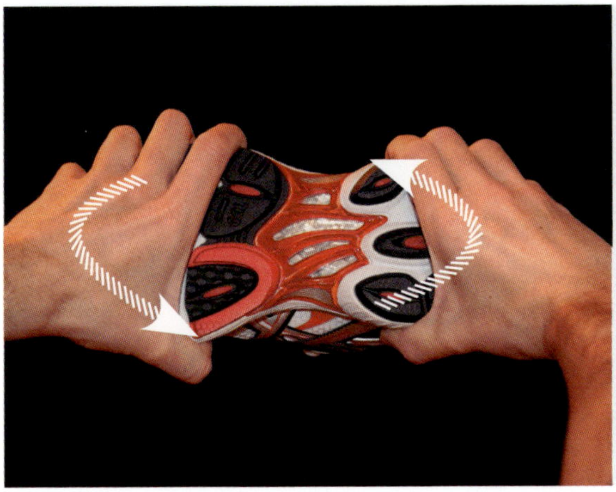

Bon :
pas de torsion de la semelle en son centre.

Il importe que le centre de la semelle ne vrille pas et que ce maintien se prolonge impérativement jusque sous l'avant-pied (pour stabiliser la propulsion). Vous pouvez tester de nouveau la semelle en déplaçant la main sous l'avant-pied, davantage vers l'extrémité avant de la semelle, pour essayer de vriller la partie sous les orteils : celle-ci doit également tenir le coup !

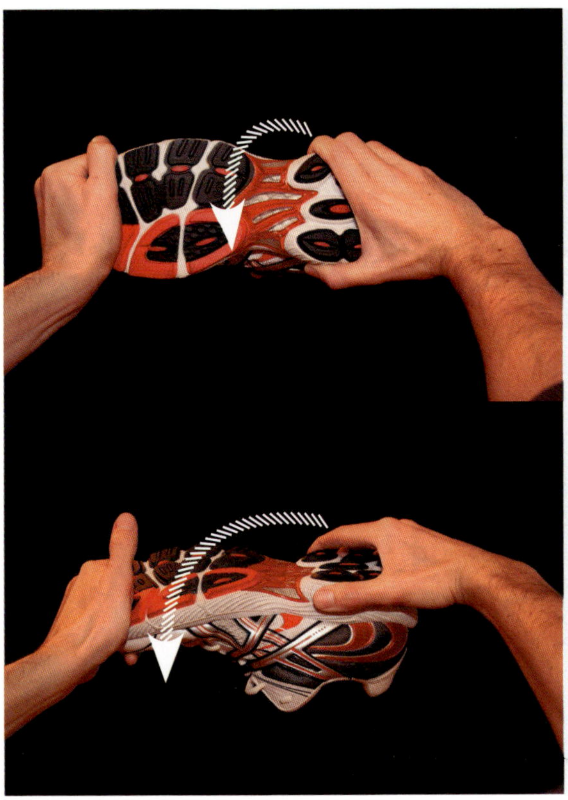

Bon

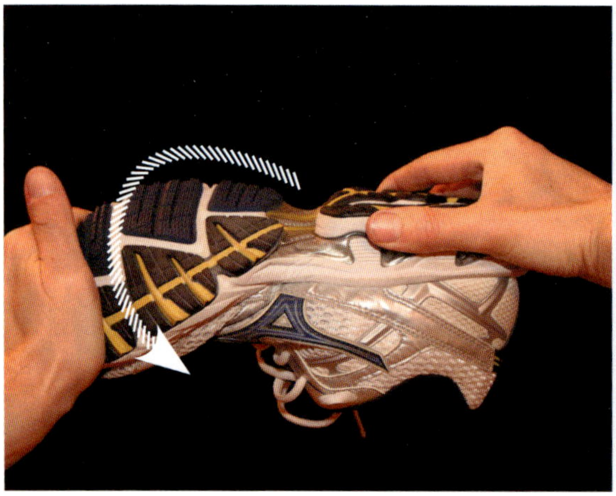

Mauvais :
l'avant vrille.

Vous pouvez aussi la plier : elle doit le faire facilement sous l'avant-pied mais pas en son centre.

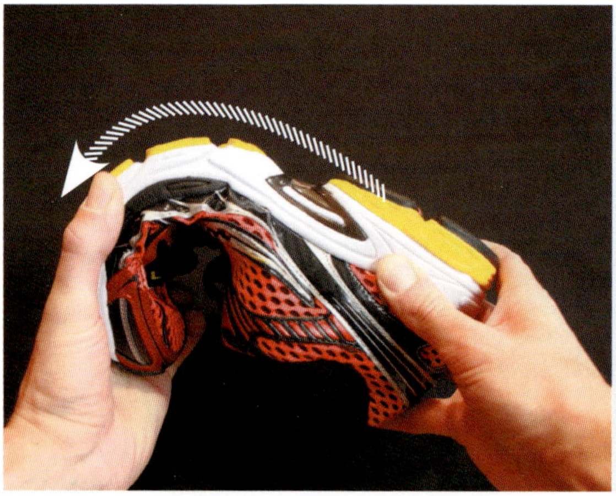

Bon

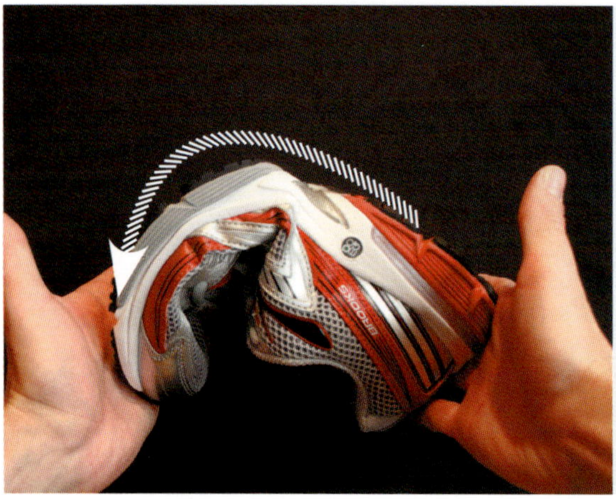

Mauvais

Il est encore possible de poser la chaussure sur une table et d'appliquer fortement une main sur le dessus de l'avant-pied : l'autre main essaie de vriller la semelle en tenant fermement le contrefort arrière. Sous cette action, la chaussure doit se vriller le moins possible.

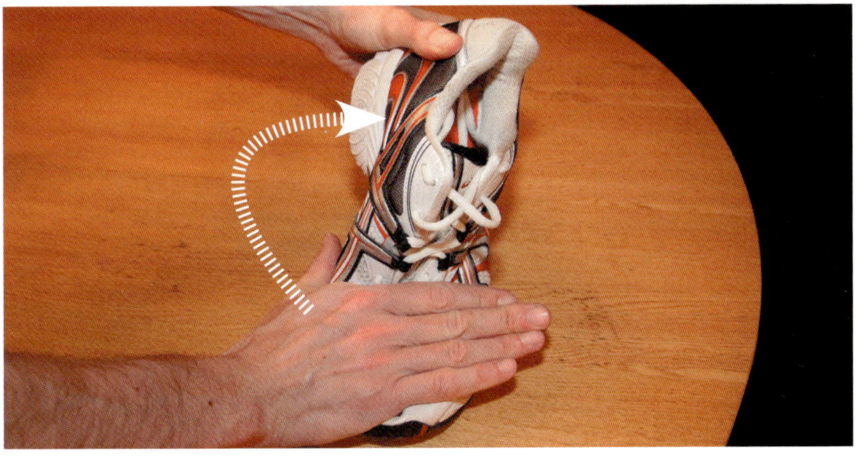

Il est conseillé de réaliser ces tests sur plusieurs modèles de chaussures afin de pouvoir comparer leur résistance et de vous faire ainsi une idée plus précise du degré de présence des contreforts.

Voilà ce qui est difficile à mettre au point pour les fabricants : l'avant de la chaussure doit pouvoir se plier pour respecter le déroulé du pied pendant la course, mais il ne doit pas se vriller.

Souvent, les fournisseurs cherchent à alléger les chaussures car cela est vendeur ! Plus la chaussure est légère, plus on pense pouvoir courir vite sans se fatiguer !

Attention, plus on allège les modèles, plus ces contreforts disparaissent.

Parfois, le même modèle de la même marque peut évoluer d'une année sur l'autre en supprimant ces contreforts invisibles et non-vendeurs, au profit d'un allégement plus racoleur mais néfaste à la foulée et à la durée de vie de la chaussure.

Moins il y a de contrefort et plus la chaussure va s'user vite.

Prenez garde : certains modèles de chaussure ont des contreforts suffisants dans les petites pointures, mais le même modèle avec une pointure plus grande peut ne plus convenir !

Sur les petites pointures, il y a moins de bras de levier pour vriller la semelle de la chaussure que sur les grandes pointures ; plus la pointure est grande, plus le contrefort se doit d'être présent.

Par conséquent, testez les chaussures à chaque nouvel achat.

La présence de ces contreforts est nécessaire aussi bien pour la pratique de la course sur route que sur chemin (trail).

» L'axe

L'axe de la chaussure fait référence à la forme de la semelle extérieure.

Vue de dessous, la partie de la semelle qui correspond à la voûte interne du pied (au milieu de la semelle, sur le bord interne) peut prendre deux formes :

- **axe courbe :** cette partie sera creusée.

- **axe droit :** cette partie sera davantage remplie.

Privilégiez les chaussures à axe droit qui permettent une meilleure stabilité, surtout si vous êtes un coureur pronateur.

Si l'axe est courbe, il y a un vide sous la voûte plantaire interne qui risque de favoriser une désaxation de la foulée.

Plus la semelle en contact avec le sol est large, meilleure est la stabilité.

» Les évidements

Certaines chaussures présentent des évidements, ou « trous », dans leur semelle externe. On peut souvent les retrouver au centre du talon ou au milieu de la semelle.

Ces évidements sont une source potentielle d'instabilité et, donc, déconseillés. Ils sont plus esthétiques que pratiques.

Bon

Mauvais

Bon

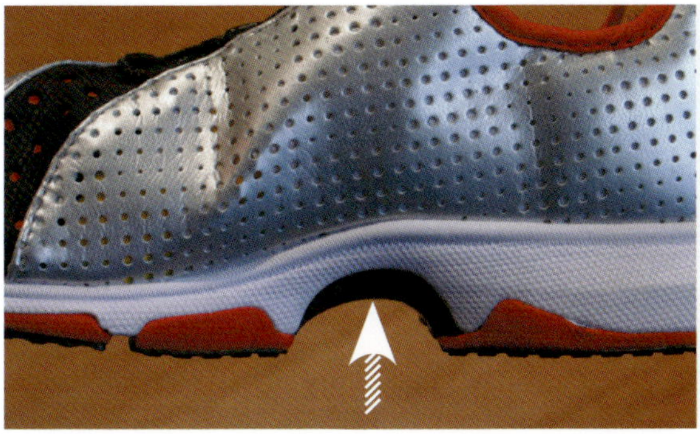

Mauvais

Bon

Mauvais

› POIDS, SURFACES, TYPES DE PRATIQUE ET FRÉQUENCE

» Le poids

Certaines chaussures sont dites pour coureur « lourd » (au-delà de 75 kg). Je ne vous ferai pas l'affront de vous expliquer que ces modèles sont faits pour les coureurs lourds… mais il est intéressant de savoir qu'ils sont beaucoup plus renforcés et présentent ainsi plus facilement les renforts adéquats pour une bonne foulée.

Il est tout à fait possible de conseiller les chaussures pour coureurs lourds à des coureurs légers qui requièrent un maintien maximal.

Je n'ai jamais rencontré de coureur léger s'étant blessé à cause d'une chaussure prévue pour plus lourd que lui.

De plus, l'amorti tend à s'unifier et à être le même pour coureur léger ou lourd.

» Les surfaces

Bien sûr, il existe des modèles dédiés à chaque type de surface (route, chemin, trail…) et vous saurez facilement choisir en fonction de votre pratique, mais sachez qu'il est possible d'utiliser des chaussures de route pour le trail (course sur terrain meuble) et vice versa.

Vous pouvez sortir des « cases » arbitraires des fabricants selon vos besoins et vos sensations, sans pour autant déclencher de douleurs particulières.

Les chaussures de route sont plus amortissantes que les modèles pour les chemins ou la pleine nature, car les chocs seront plus intenses sur le bitume que sur la terre.

L'accroche de la semelle est plus forte sur les chaussures de trail pour éviter de glisser (semelle crantée).

Les chaussures de trail sont souvent plus lourdes que celles de route, car la chaussure est plus renforcée – pas obligatoirement au niveau des contreforts dont on a parlé plus haut, mais au niveau de la semelle extérieure et de la tige (partie en tissu entourant le pied).

Certaines chaussures de trail sont prévues pour le tout chemin et d'autres, plus renforcées encore, sont destinées aux courses en montagne (notamment grâce à la présence de pare-pierres au bout des orteils).

Exemple de chaussure de route.

Exemple de chaussure de trail « léger » tout chemin.

Sans pare-pierres

Tige simple, fine et aérée

Exemple de chaussure de trail « montagne » renforcée.

Avec pare-pierres

Tige renforcée

» La pratique : recherche de performance ou entraînement

Il existe des chaussures prévues pour la compétition et d'autres pour l'entraînement.

Le but des chaussures de compétition est d'améliorer les performances, et donc le chronomètre. Par conséquent, ces chaussures seront très légères et peu amortissantes, avec des semelles plus fines.

Leur légèreté est obtenue au détriment des contreforts qui la composent. Ce poids réduit est censé permettre de courir plus vite, mais ces quelques grammes gagnés offrent surtout un avantage plus psychologique que réellement physique.

Par contre, la réduction de l'amorti permet au pied d'être moins ralenti lors de la foulée : on dit que la chaussure sera plus dynamique. Le temps de contact du pied au sol est réduit, car le pied s'enfonce moins dans la mousse amortissante et peut donc repartir plus vite : les performances sont boostées.

Les chaussures d'entraînement sont plus amortissantes et plus lourdes, car davantage maintenues. Elles peuvent répondre aux critères de maintien énoncés plus haut plus facilement qu'une chaussure de compétition.

Généralement, les chaussures de compétition sont mauvaises pour guider correctement la foulée et risquent de favoriser de mauvaises positions d'appui. Mais si elles ne sont portées que lors des compétitions, elles n'auront certainement pas le temps de déclencher les douleurs qu'elles pourraient provoquer en étant utilisées à l'entraînement.

Voilà pourquoi il est déconseillé de porter une chaussure de compétition aux entraînements.

À l'entraînement, la chaussure se doit d'être protectrice (avec amorti et maintien au top) avant d'être performante.

Si vous visez davantage la préservation de votre foulée que la performance à tout prix, vous pouvez naturellement courir les compétitions avec vos chaussures d'entraînement : c'est même une option conseillée.

Sachez aussi que plus la course sera courte en distance, plus il pourra être intéressant d'avoir des chaussures de compétition ; une chaussure pour accomplir un marathon, par exemple, doit répondre davantage à un objectif de préservation.

Plus de performance passe aussi par la non-douleur. Si une douleur s'installe, pas de performance possible !

Si votre pied requiert une plus grande protection pour éviter les souffrances, écoutez-le et portez des chaussures adaptées ; les chaussures de compétition sont possibles en absence de douleurs.

Ne passez pas outre des douleurs en forçant, sous peine de provoquer des blessures graves pouvant nécessiter un arrêt sportif prolongé.

» La fréquence

Ici aussi, des catégories sont prévues par les fabricants : du coureur occasionnel au coureur confirmé.

Combien de débutants ont acheté des chaussures « premier prix » pour coureur « du dimanche matin et encore s'il fait beau » et se sont vus dégoûtés par ce magnifique sport ?

Une mauvaise chaussure peut, en occasionnant des douleurs, stopper les meilleures ardeurs !

Et il est certain qu'une chaussure d'entrée de gamme pour coureur occasionnel risque davantage de ne pas remplir les critères de maintien qu'une chaussure pour un usage plus fréquent.

Même les débutants méritent d'investir dans une paire de chaussures de qualité (au moins de moyenne gamme) afin de mettre toutes les chances de leur côté pour bien démarrer.

Donc, en pratique, un coureur débutant peut sans problème acheter une paire de chaussures pour coureur fréquent.

› L'AMORTI

Avec le maintien, cette propriété est une partie importante de la chaussure.

Elle permet de limiter les chocs ressentis par le squelette lors de la foulée, ce qui aide à préserver les articulations.

La meilleure matière d'amorti est la mousse qui compose la semelle des chaussures, mais cette matière n'est pas très esthétique et donc pas très « vendeuse » : c'est pourquoi les fabricants inventent des systèmes plus accrocheurs.

Qui le gel, qui l'air, qui les ressorts, qui les vagues en plastique...

D'ailleurs, une grande marque a quitté l'air pour un amorti 100 % mousse bien plus efficace et moins déstabilisant.

En regardant une chaussure de course éclatée, c'est-à-dire démontée, on peut observer la distribution du système qui est parfois plus présent sur le pourtour visible de la semelle extérieure de la chaussure qu'à l'intérieur de celle-ci.

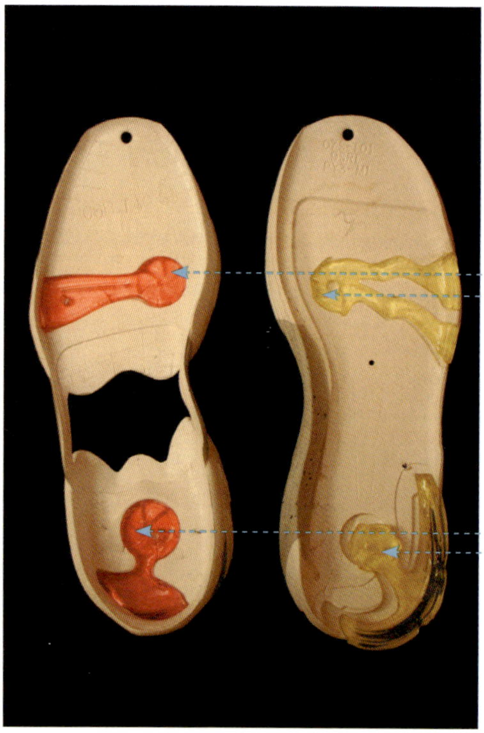

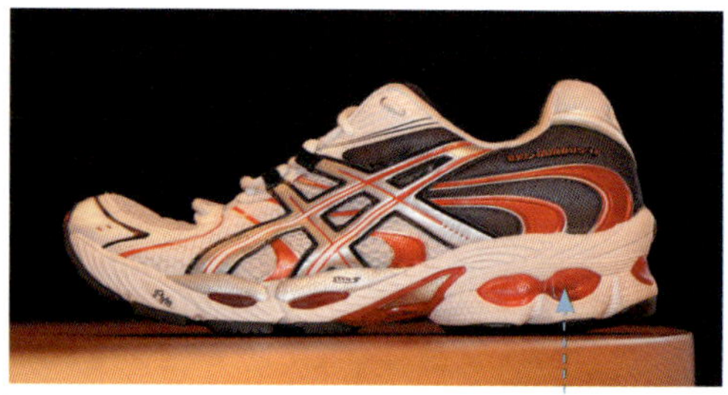

Gel (en couleur) peu présent par rapport à la mousse (blanche).

À noter

Les marques tendent à unifier leur amorti pour toute leur gamme de chaussures, du coureur lourd au coureur léger (dans un souci économique ?). Certains amortis sont plus durs que d'autres, chaque marque a un « toucher » d'amorti différent : à essayer pour faire votre propre opinion.

› LE LAÇAGE

Si vous avez un pied fin ayant tendance à glisser vers l'avant de la chaussure lors de la course – ce qui peut occasionner des « bleus » sous les ongles pouvant alors devenir noirs et douloureux par les chocs répétés – une technique de laçage est possible pour vous.

Cependant, vérifiez au préalable la bonne pointure de la chaussure comme indiqué plus haut.

Le but est d'éviter le glissement du pied vers l'avant en serrant la cheville, mais sans comprimer le cou-de-pied qui deviendrait alors sensible.

Cette technique permet de dissocier l'intensité du serrage du cou-de-pied par rapport à la cheville avec le même lacet.

Pour ce faire, utilisez les œillets de laçage en arrière des derniers pris comme sur les photos suivantes.

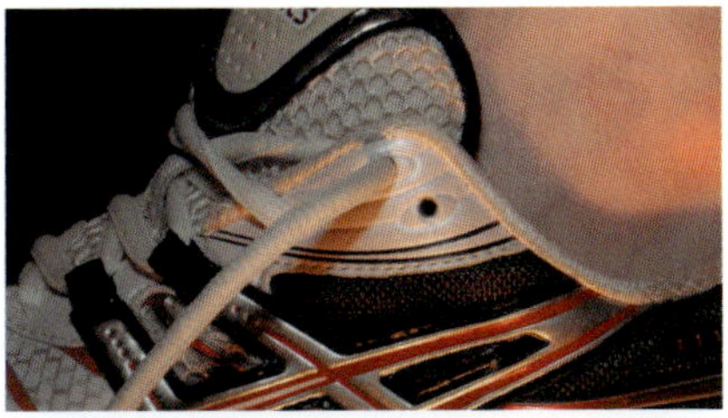

1

Voici l'emplacement de l'œillet à utiliser.

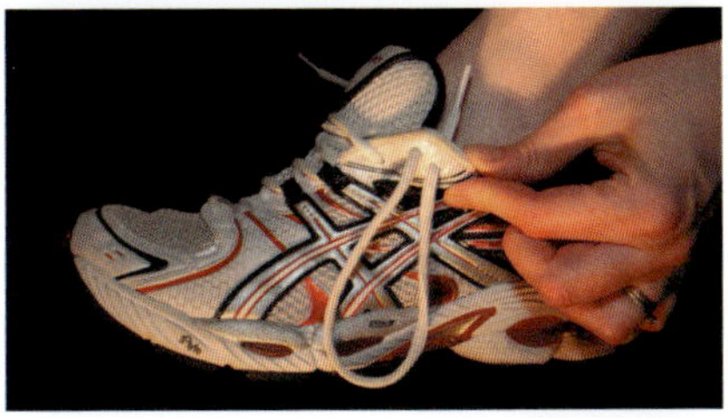

2

Passez le lacet à l'intérieur.

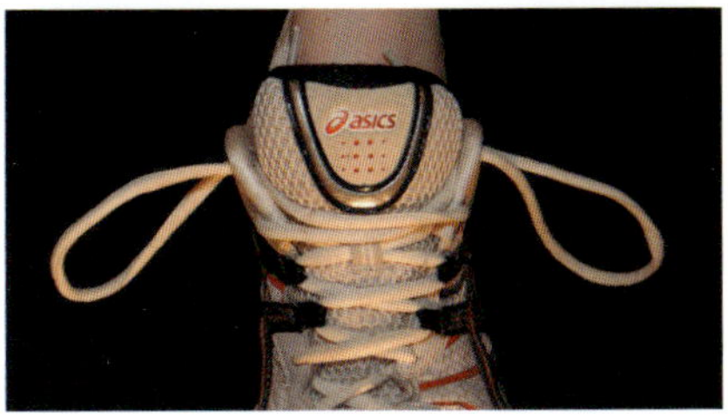

3

Recommencez de l'autre côté.

4

Passez le lacet dans la boucle d'en face.

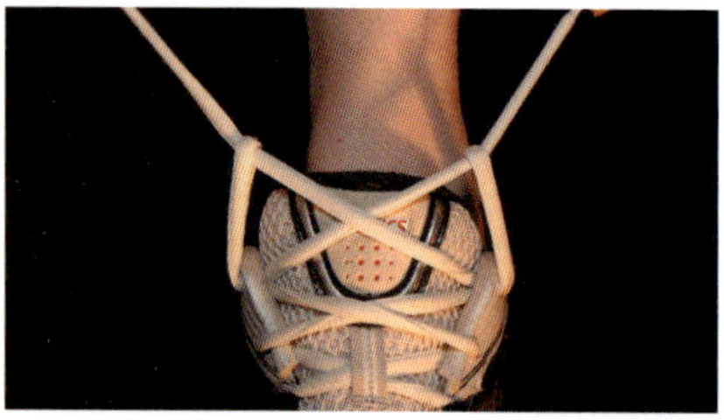

5

Recommencez de l'autre côté, puis serrez et faites votre nœud habituel.

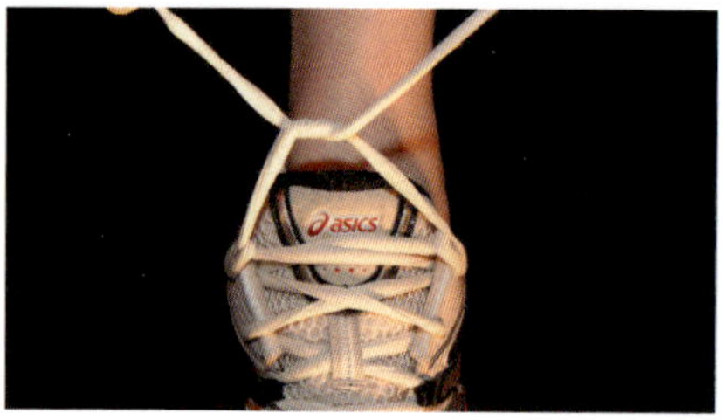

6

Voilà, c'est fini !

› LE DROP

Le drop d'une chaussure correspond à la différence de hauteur entre l'avant-pied et l'arrière-pied – c'est-à-dire, plus communément, à la hauteur du talon.

Dans une moindre mesure, courir avec des chaussures ayant peu pas de drop peut entraîner les mêmes contraintes et contre-indications que le port des chaussures minimalistes décrites en p. 17.

Ce critère de drop est apparu après l'engouement pour les chaussures minimalistes ; la foulée avec prise d'appui avant-pied est tellement devenue le Saint-Graal, selon nombre de littératures et de revues spécialisées, que les chaussures maximalistes se devaient de réagir en proposant des modèles avec peu de hauteur de talon pour s'approcher du chaussage minimaliste hyper-spécialisé.

L'idée est de rendre grand public le concept minimaliste.

Ces modèles peuvent être intéressants dans un but de transition vers un chaussage minimaliste.

Il est déconseillé de commencer le running avec des chaussures ayant un drop faible ou nul ; ce type de chaussage va changer la foulée, ce qui nécessite une transition encadrée pour éviter les blessures.

Le bon drop pour vous est à choisir selon vos sensations :

- généralement, si vos mollets sont raides, un drop important est conseillé pour détendre les tensions aux tendons d'Achille ;
- si la souplesse de vos mollets le permet, un drop plus faible est envisageable.

Notez que le drop moyen d'une chaussure de running est de 10 millimètres.

› LE GORE-TEX®

Ce textile est proposé pour certaines chaussures de trail (course nature).

Il permet de garder le pied au sec : la transpiration peut s'évacuer, mais l'eau extérieure ne peut pas pénétrer.

Sur le papier, ce concept semble parfait, mais il n'est pas adapté à toutes les utilisations ni à tous les coureurs :

- si votre parcours de course rencontre des passages en eaux profondes (au-dessus de la cheville), l'eau ira alors par-dessus la tige de la chaussure et s'introduira en abondance ; il faudra qu'elle s'évacue rapidement et le système GORE-TEX® ne le permettra pas ;
- si votre transpiration est plus importante que la moyenne, elle mettra plus de temps à être éliminée avec le système GORE-TEX®.

Le choix de ce textile spécialisé se fera donc selon vos besoins, mais il ne peut pas être universel.

› LES BESOINS PERSONNELS

Les conseils de stabilité énumérés jusqu'à présent sont universels et valables pour toutes les chaussures de running choisies.

Mais nos pieds sont tous différents et ne peuvent se satisfaire de la même chaussure.

Une fois les critères généraux remplis, les critères personnels vont décider du modèle, selon le choix du type de foulée :

- **amorti :** besoin de dynamisme ou davantage de souplesse ?
- **chaussant :**
  - large ou fin ?
  - cou-de-pied fort : ajuster le volume de l'emboîtage du dos du pied ;
  - déformations des orteils : ajuster le volume de la « toe box » (zone de la chaussure recueillant les orteils) ;
- **drop :** important ou faible ?

Chaque pied a ses critères de confort subjectifs et il faut les respecter !

C'est ici que l'aide d'un vendeur spécialisé est précieuse : il doit savoir vous guider dans votre recherche de sensation et de confort, en connaissant parfaitement sa gamme de chaussures.

N'oubliez pas que le critère de confort est indispensable, mais qu'il n'est pas suffisant pour être certain du bon choix.

L'usure
et le renouvellement

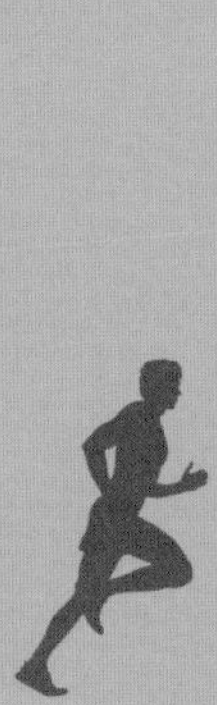

N'attendez pas de voir apparaître des signes d'usure avant de changer vos chaussures : il serait trop tard ! La véritable usure ne se voit pas :

- l'amorti de la chaussure va être de moins en moins efficace dans le temps ;
- le maintien de la chaussure va diminuer et s'assouplir progressivement.

Le piège est que cette usure très progressive ne se ressent que très rarement : le pied s'accommode de ces manques jusqu'à l'apparition possible d'une douleur ou d'une blessure qui pourra être longue à guérir. Plusieurs critères indiquent le besoin de renouvellement :

- **la distance :** en moyenne tous les 1 500 km ;
- **la durée :** dans tous les cas, ne dépassez pas un an d'utilisation effective ;
- **la fréquence :** de 1 à 2 entraînements par semaine, changez tous les ans et de 3 entraînements à plus, changez tous les six mois à un an ;
- **le poids :** à partir de 75 kg, un renouvellement tous les six mois est conseillé ;
- **le type de chaussage :** une chaussure dite de compétition s'usera plus rapidement qu'un modèle d'entraînement plus renforcé.

Dans tous les cas, il est recommandé de refaire les tests de maintien de la chaussure au bout de six mois et de poser la chaussure pour en examiner l'orientation sur une table (tests décrits en p. 38).

Si les critères de maintien remplis à l'état neuf ne se retrouvent plus et que les contreforts se sont assouplis, la chaussure est à changer même si l'année n'est pas encore écoulée.

Si la chaussure a pris une mauvaise orientation au niveau de sa tige vue de l'arrière sur une table (c'est-à-dire que celle-ci n'est plus perpendiculaire à la table), le renouvellement peut également être conseillé de manière anticipée. L'usure de l'amorti est, quant à lui, invisible et non testable.

Sachez enfin qu'une chaussure non portée vieillira même dans le placard :

- son amorti va durcir ;
- ses contreforts vont perdre en élasticité et devenir cassants.

Au bout de deux à trois ans sans être portées, les chaussures sont à changer. N'achetez donc pas vos chaussures trop à l'avance.

L’extension aux autres chaussages

Il est possible d'étendre certains critères de choix des chaussures de running aux autres sports et même aux chaussures de ville. Il s'agit de la torsion de la semelle (contrefort médian) et du contrefort arrière de la chaussure (voir p. 43).

Une bonne chaussure, quelle qu'elle soit, se doit de comporter des contreforts garantissant sa qualité « mécanique » pour aider au bon déroulement de la marche.

Certains sports au chaussage spécifique – type boxe, lutte ou gym – n'imposeront pas le respect de ces critères.

Au quotidien, il est conseillé de ne pas dépasser 5 cm de hauteur de talon, mais de ne pas être totalement à plat.

Être chaussée au moins 8 heures par jour, et ce, même à la maison est recommandé : le manque de maintien des pantoufles rend néfaste leur port prolongé.

Les chaussures ouvertes au talon portées trop longtemps sont sources de pathologies et de déformations : il faut que la chaussure tienne seule au pied, ce dernier ne faisant pas l'effort de la « retenir ».

› LE CAS PARTICULIER DES ENFANTS

Un enfant doit être chaussé le plus tard possible et le moins possible avant son entrée à l'école vers l'âge de 2-3 ans.

Lors de l'apprentissage de la marche, le pied ne doit pas être entravé par une semelle de chaussure trop dure ou trop épaisse.

Le pied de l'enfant a besoin d'être stimulé pour se développer correctement. Or, une chaussure isole la peau du pied du sol : les capteurs du pied éprouvent alors davantage de difficultés à détecter les appuis au sol, ce qui entrave l'équilibre.

Pour l'intérieur, un chaussage type chausson souple avec semelle fine en cuir est conseillé ou pieds nus. Pour l'extérieur, une chaussure à semelle fine et très souple en tous sens est adaptée.

Vers l'âge de 3-4 ans, le chaussage devient progressivement plus rigide, en correspondant aux critères énoncés.

Naturellement, il est fortement déconseillé qu'une même paire de chaussures soit portée par plusieurs enfants (de même pour les adultes), car la chaussure prend rapidement l'orientation du pied qui la porte, et celle-ci peut se révéler néfaste pour un autre pied.

Il faut également éviter les voûtes internes en mousse, présentes à l'intérieur de certaines chaussures d'enfant : elles ont tendance à rendre le pied paresseux et à favoriser son affaissement.

Dans tous les cas, l'utilisation de trotteurs ou « youpalas » est proscrite. Ces accessoires retardent l'apprentissage de la marche et le faussent par l'adoption d'une mauvaise posture du dos et des jambes : l'enfant est tenu debout d'une manière artificielle, ce qui va l'empêcher de trouver son équilibre seul. C'est en laissant l'enfant évoluer au sol qu'il apprendra à marcher. De plus, avec ces dispositifs, des risques de chutes graves sont possibles, dans les escaliers ou en cas d'obstacle au sol.

Pensez à vérifier régulièrement la pointure de votre enfant : il ne saura pas vous prévenir en cas de chaussures trop courtes et s'y adaptera sans rien dire.

Quand consulter un podologue ?

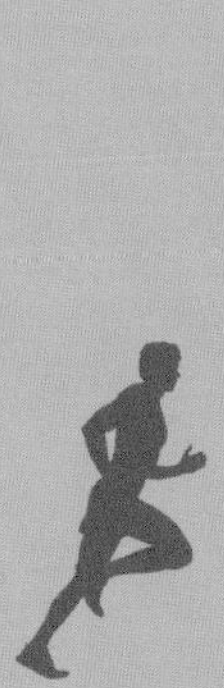

Dans le cadre du running, une consultation chez un podologue est conseillée dans les cas suivants :

- difficulté dans le choix des chaussures ;
- difficulté à définir votre type de foulée ;
- douleurs persistantes malgré une paire de chaussures adaptée ;
- usure anormale, rapide et/ou asymétrique des chaussures ;
- douleur mécanique déclenchée par la course (pied, cheville, genou, hanche, dos...) ;
- ampoules fréquentes aux mêmes endroits du pied ;
- crampes ;
- contracture musculaire ;
- ongles incarnés, cors, durillons, hématomes sous l'ongle, œil-de-perdrix...

› LE BILAN PODOLOGIQUE

Il comprend plusieurs étapes.

- Interrogatoire :
  - localisation de la douleur ;
  - date de déclenchement ;
  - horaire de la douleur (avant, pendant, après l'effort ?) ;
  - mode de déclenchement de la douleur ;
  - date du dernier changement de chaussures ;
  - date de fabrication des dernières semelles orthopédiques.

- Examen palpatoire avec localisation de la douleur (le cas échéant).
- Examen de décharge du pied (amplitudes articulaires, architecture du pied...).
- Contrôle de l'occlusion dentaire et des yeux (les dents et les yeux ont une influence sur la posture globale du corps).
- Examen du pied en charge sur un podoscope (appareil qui permet de voir l'empreinte de la plante du pied au sol grâce à un miroir).

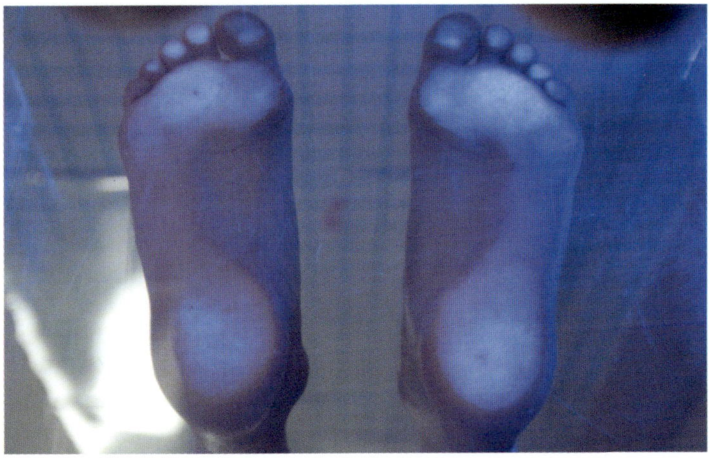

- Étude statique de la position des chevilles, des genoux, du bassin, du tronc, des épaules, de la tête.

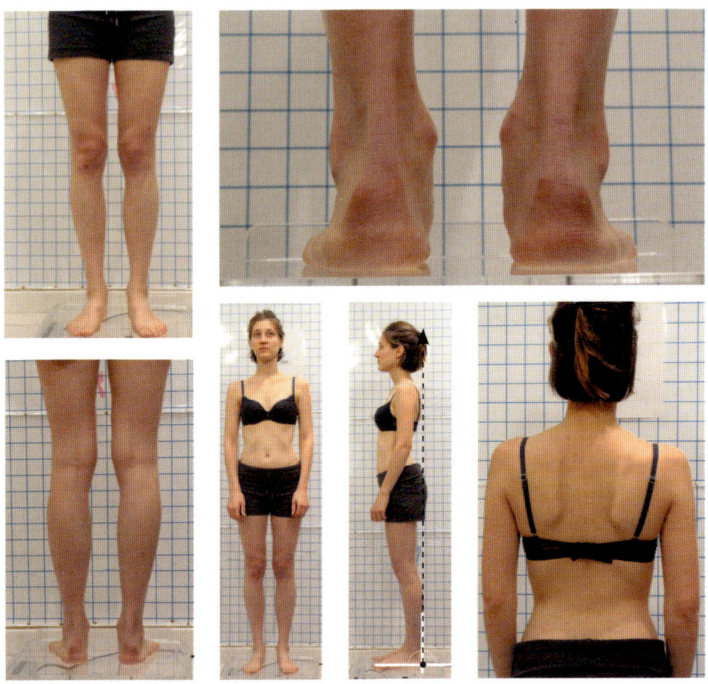

Équilibre du bassin: bascule ?
jambe plus courte ?

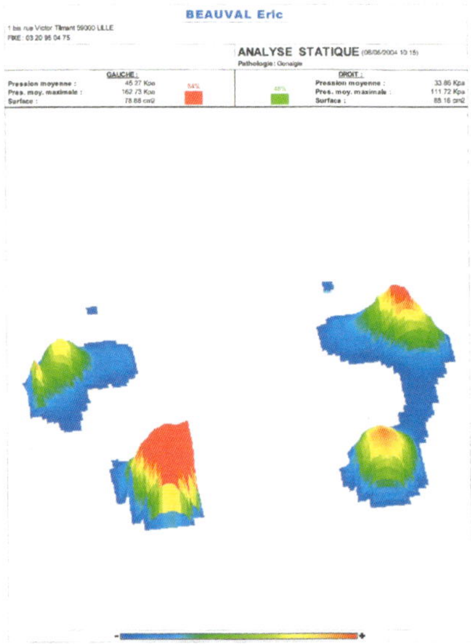

Visualisation en 3D des pressions plantaires

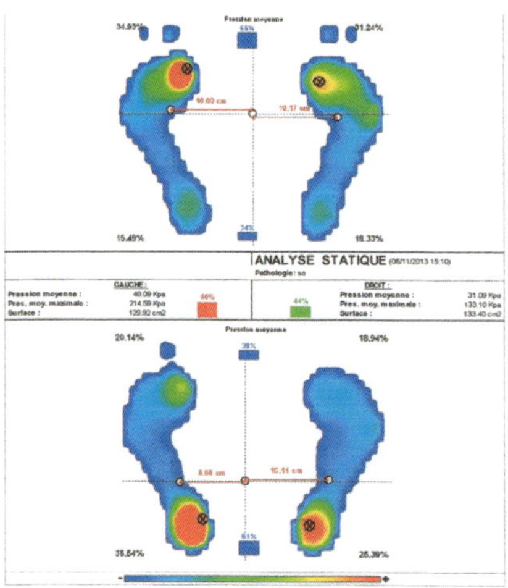

Analyse statique avec position du centre de gravité

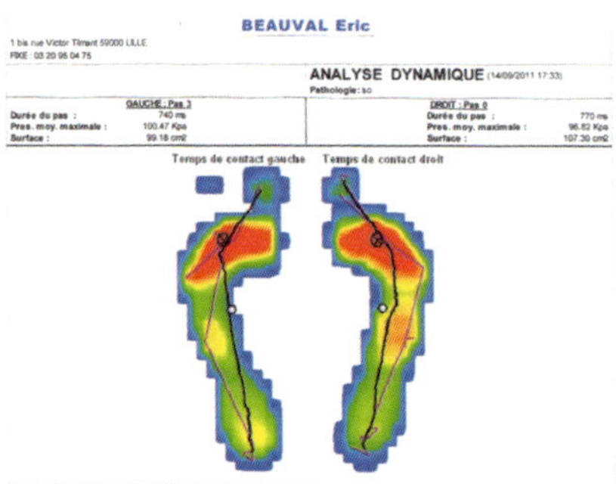

Analyse du déroulé du pas dynamique

- Étude du profil global du corps.
- Plateforme électronique reliée à l'ordinateur :
  - étude de la position du centre de gravité ;
  - intensité des appuis au sol visible en couleur et en 3D ;
  - étude du déroulé du pas avec l'analyse dynamique.

- Analyse filmée de la course sur tapis pieds nus, puis avec chaussures de running (nouvelle et ancienne paires, si possible). Cette analyse est capitale, car certains troubles ne se repèrent que pendant la course et pas lors de la marche ; de plus, il arrive qu'un pied supinateur à la marche devienne pronateur à la course !
- La comparaison entre la foulée pieds nus et pieds chaussés est également primordiale afin de vérifier que la chaussure est adaptée.
- Étude de la vidéo, avec analyse de la position du pied, de la cheville, du genou ; comparaison pieds nus et pieds chaussés.
- Conseils sur le type de chaussage à adopter et étude de l'usure des chaussures actuelles.
- Si besoin, conception de semelles orthopédiques adaptées au diagnostic podologique. Les semelles ne sont pas mises en place systématiquement.

À noter

Tous les podologues ne possèdent pas le même équipement pour accueillir les coureurs ; le bilan peut donc différer de celui présenté ici. La prise en charge posturologique n'est pas systématique et dépend des formations suivies par le podologue après son diplôme. Le bilan présenté ici est un exemple possible de prise en charge.

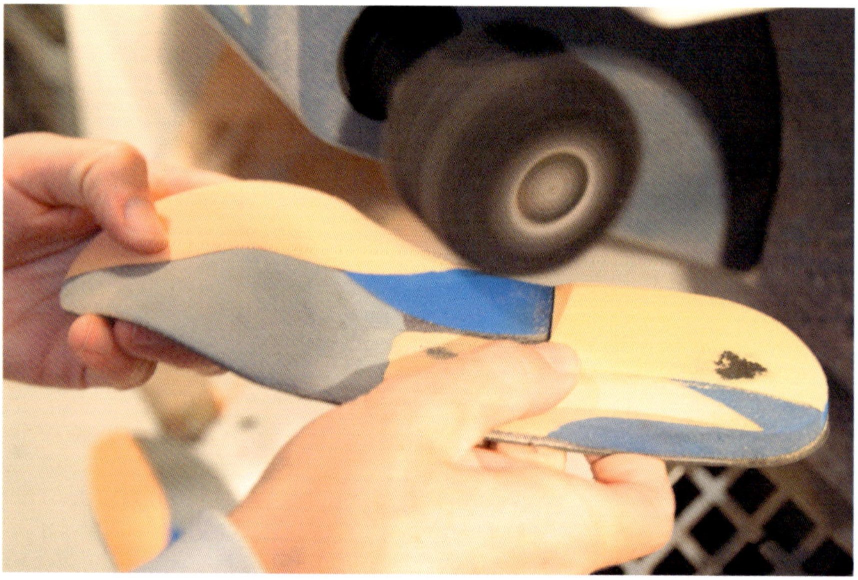

› LES SEMELLES ORTHOPÉDIQUES

Les semelles orthopédiques, ou orthèses plantaires, diffèrent selon :

- leur utilisation (ville/sport) ;
- le type de chaussage ;
- le poids de l'utilisateur ;
- la pathologie à soigner.

Si une paire de semelles orthopédiques vous est nécessaire, elle devra être spécifique à la pratique du running.

Une paire de semelles de running ne peut généralement pas être utilisée pour la ville. Mais elle le pourra, dans certains cas et selon l'avis du podologue, pour d'autres sports comme le tennis ou encore le basket-ball.

Les semelles sont réalisées sur mesure et à la main par le podologue, dans un atelier ; elles sont donc modifiables et ajustables selon chaque besoin.

» Les objectifs des semelles

Les semelles visent à limiter les mauvaises positions du pied pour calmer les douleurs, mais pas de le corriger totalement.

Le but n'est donc pas de vous faire courir d'une manière parfaite en modifiant complètement votre habitude de foulée, sous peine de déclencher d'autres douleurs !

La correction doit être douce et progressive (ajustée aux rendez-vous de contrôles prévus systématiquement par le podologue).

Le bon degré de correction est celui qui soulagera vos douleurs.

Les semelles doivent être confortables et ne pas déclencher de gênes ni de douleurs.

Une période d'adaptation de quelques jours est possible : au début, vous ressentirez probablement une sensation « bizarre » lors des premières sorties. Par conséquent, n'entreprenez pas une course importante avec de nouvelles semelles (et même de nouvelles chaussures) : il est conseillé de les mettre en place au moins deux mois avant la compétition.

Cette nouvelle impression étrange doit rapidement céder ; si la semelle est bien réglée, vous ne devez plus la ressentir après la période d'adaptation.

Les semelles travaillent avec les chaussures et leur efficacité dépend de la qualité des renforts des chaussures choisies.

Elles prennent appui sur la chaussure pour pouvoir corriger le pied : c'est pourquoi cette base nécessite de la solidité !

Les semelles doivent rattraper les défauts de vos appuis, pas ceux de votre chaussage. Sans bon chaussage, elles perdent de leurs intérêts.

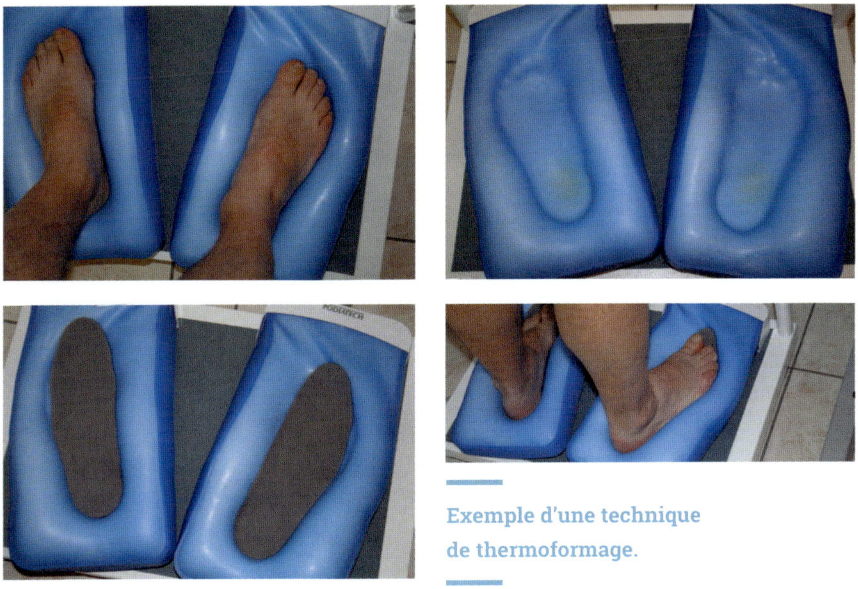

Exemple d'une technique de thermoformage.

» Les caractéristiques des semelles de running

Elles doivent s'inspirer des semelles intérieures de vos chaussures de running, c'est-à-dire être, si possible, composées de mousses pour en garder le confort face aux chocs répétés. Les mousses en contact direct avec le pied seront plus souples que les mousses qui vont apporter les corrections – qui, elles, seront en contact avec le fond de votre chaussure.

Les semelles seront assez épaisses mais légères. Idéalement, elles seront thermoformées : autrement dit, chauffées pour prendre la forme exacte de vos pieds, des semelles sur mesure !

La position des corrections sera adaptée à la course :

- sous l'avant-pied (pour la propulsion) ;
- au talon et à l'entrée de la voûte plantaire interne et/ou externe (pour l'attaque).

La voûte plantaire interne ne doit pas se trouver bloquée ni comblée entièrement, sous peine de gênes et d'ampoules : lors de la course à pied, le pied a un mouvement d'amorti naturel qu'il faut respecter.

Les semelles ne doivent pas (sauf besoins spécifiques) amortir les chocs : c'est le travail des chaussures.

Les semelles seront lavables à la main, résistantes à l'eau, amovibles et repositionnables dans plusieurs paires de chaussures.

Remarque

Chaque podologue propose des semelles différentes selon son expérience, ses équipements et ses matériaux.

» Le renouvellement

Les semelles sont à changer tous les ans. Passé un an d'utilisation, leur efficacité commence à diminuer et des douleurs peuvent se réinstaller.

Certaines chaussures peuvent être à changer tous les six mois alors que les semelles, pour leur part, peuvent tenir un an.

Il est conseillé de les changer à distance de grandes courses ou de marathons (au moins deux mois avant). La décision ne pas les renouveler après un an d'utilisation est à prendre avec votre podologue, selon vos besoins personnels.

Conclusion

Vous aurez compris qu'une somme de petits détails permet d'obtenir une bonne chaussure de running et que, parfois, à un détail près, une chaussure va devenir mauvaise pour votre foulée !

Alors, restez vigilant et montrez-vous draconien sur le choix.

La chaussure est la pièce maîtresse de votre équipement de running : ne la négligez pas et n'attendez pas qu'une douleur s'installe pour vous en préoccuper.

Ne laissez pas la douleur régir votre pratique de la course !

Prenez en main les chaussures pour les tester : vous prendrez en main votre liberté de courir sans entraves !

Bonnes courses à tous !

Éric Beauval

DU BITUME AUX SOMMETS DES MONTAGNES...
TOUTES LES ROUTES MÈNENT À AMPHORA !

Découvrez aux ÉDITIONS AMPHORA la plus grande collection d'ouvrages sur le running. Du semi-marathon à l'ultra-trail, chaque coureur pourra développer ses potentiels de runner grâce aux conseils de nos experts !

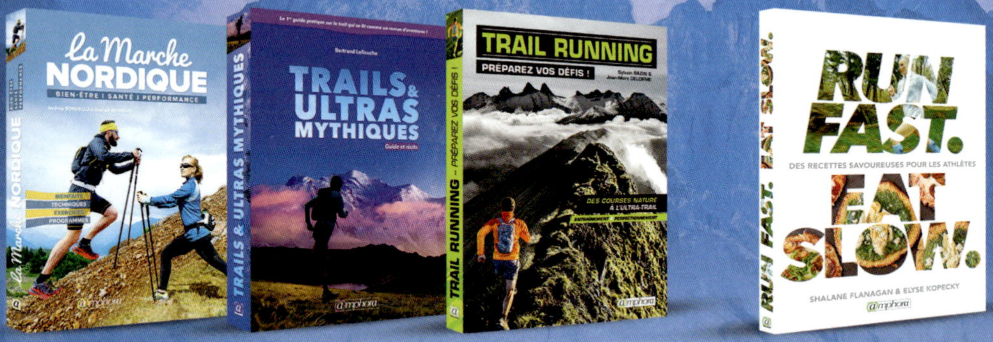

Explorez nos 20 univers & découvrez nos ouvrages **sur ed-amphora.fr**